Sebastian Koelber

Quereinsteiger an der Grundschule

Ein Praxisratgeber für alle Schulneulinge – mit Checklisten und Organisationshilfen

PERSEN

Der Autor

Sebastian Koelber ist Übersetzer und seit 2016 Grundschullehrer in Berlin. Über das berufsbegleitende Referendariat hat er den Quereinstieg live miterlebt. Sebastian Koelber lebt und arbeitet in Berlin, Neukölln.

Gedruckt auf umweltbewusst gefertigtem, chlorfrei gebleichtem und alterungsbeständigem Papier.

1. Auflage 2020

Grafik: Julia Flasche
Satz: L101 Mediengestaltung, Fürstenwalde

ISBN: 978-3-403-20197-7

www.persen.de

Digitales Zusatzmaterial:

- Alle Portfoliobögen im veränderbaren Word-Format

Vorwort

Derzeit werden in fast allen Bundesländern Lehrer[1] gesucht. Die Chancen für einen Seiten- und Quereinstieg in den Lehrerberuf sind deshalb zurzeit so gut wie lange nicht mehr.

Es gibt unzählige Ratgeber für das Referendariat, die Presse ist voll von Berichten über den Quereinstieg und Erfahrungsberichte gibt es so viele, wie es Quereinsteiger gibt – Ihre Entscheidung für oder gegen die Arbeit an einer Schule sollten Sie jedoch auf authentische Erfahrungen aufbauen.

Ratgeber, Wegweiser, Orientierungshilfe – das kann und soll dieses Buch sein. Als Autor stehe ich dahinter, weil ich meine eigenen Erfahrungen aus dem berufsbegleitenden Vorbereitungsdienst (Referendariat) und dem kollegialen Austausch mit Referendaren, Seiteneinsteigern, Quereinsteigern, Ausbildern, Kollegen, Beratern und Vorgesetzten hier einbringen kann.

Das Buch richtet sich direkt an alle, die den Quereinstieg selbst wagen wollen. Dieses Arbeitsbuch richtet sich ganz besonders an Sie, wenn Folgendes auf Sie zutrifft:

- Sie haben ein abgeschlossenes Studium.
- Sie haben bisher noch kein Referendariat absolviert.
- Sie sind nun als Quereinsteiger verpflichtet, Ihr Referendariat im Rahmen des Quereinstiegs zu absolvieren.

Ein nullter Schritt, ja eine Grundvoraussetzung für den Quereinstieg und die Arbeit mit diesem Buch ist, dass Sie sich bewusst für den Lehrerberuf entschieden haben. Die formellen Bedingungen, z. B. die Anerkennung Ihres Studiums oder dass Sie einen Platz an Ihrer Wunschschule gefunden haben, sind erfüllt: Sie können starten. Herzlichen Glückwunsch!

Ich wünsche Ihnen viel Erfolg für Ihren Quereinstieg in den Lehrerberuf!

Ihr Sebastian Koelber

1 Wir sprechen hier wegen der besseren Lesbarkeit von Referendaren, Lehrern bzw. Schülern etc. in der verallgemeinernden Form. Selbstverständlich sind auch alle Referendarinnen, Lehrerinnen bzw. Schülerinnen etc. gemeint.

1. Praktische Hinweise

1.1 Konzept dieses Arbeitsbuches

Dieses Buch ist als mitwachsendes, durch Sie mit Inhalten und Leben zu füllendes Portfolio konzipiert. Betrachten Sie diesen Band als einen Begleiter während Ihres Quereinstiegs, der Ihnen helfen soll, anhand von Impulsen Ihren Lernprozess festzuhalten und zu reflektieren. Außerdem erhalten Sie viele praktische Tipps, die Ihnen den Alltag als Schulneuling erleichtern sollen.

Immer wieder werden Sie in diesem Buch, aber auch in Ihren Seminaren, nach Ihren eigenen Erfahrungen gefragt werden: Wer war in Ihrer eigenen Schulzeit aus Ihrer Sicht eine vorbildliche Lehrperson? Welche Schulerfahrungen haben Sie geprägt? Welche Lehrerfahrungen haben Sie bisher gemacht? Sie sollen angeleitet werden, Ihr eigenes Wissen systematisch aufzubauen und zu dokumentieren. So werden Ihre Vorerfahrungen für Sie strukturiert nutz- und auswertbar: Ihre Theorie von dem, was guter Unterricht sein kann, entsteht so nach und nach auf der Grundlage eigener Erfahrungen, aus den Leitfragen aus diesem Arbeitsbuch, den Inhalten aus Hospitationen, dem Schulalltag, dem berufsbegleitenden Studium und dem Vorbereitungsdienst (Referendariat).

Sie werden Ihre persönliche Auffassung darüber, was guter Unterricht ist, Ihr Leben lang weiterentwickeln und dieses Arbeitsbuch soll Ihnen einen strukturierten Einstieg in diese herausfordernde Aufgabe ermöglichen. Gerade als Quereinsteiger haben Sie wegen Ihrer Biografie der Schule Wertvolles zu bieten.
Ihr wachsendes Wissen und Ihre Praxis von dem, was guter Unterricht sein kann, prägen unter anderem diese immer wiederkehrenden Themen:

- Ihre professionelle Aus- und Weiterbildung
- Aufbau und Entwicklung einer professionellen Haltung zum Lehrerberuf
- Die konstante Überprüfung Ihrer Einstellungen zum Lehrberuf
- Erwerb und Erlernen nachhaltiger Strategien und Routinen, damit Sie lange Lehrer bleiben
- Gesundheit

Auf der Grundlage meiner eigenen Erfahrungen aus der Kooperation mit den Quereinsteigern an meiner Schule und zusätzlich aus der Arbeit mit und im QuerBer-Programm in Berlin wurde immer wieder klar, dass die Zeit im Quereinstieg schlicht knapp bemessen ist: Sie haben auch ein Privatleben. Doch was bedeutet das für das vorliegende Arbeitsbuch?

Lektürezeit ist sehr kostbar. Daher soll dieser Band kein weiteres Werk mit fachlicher Grundlagenliteratur sein, da Sie mit diesen Inhalten bereits während Ihrer Quereinsteigerausbildung in hohem Maße versorgt werden. Theoretische Grundlagen aus dem Bereich der Methodik, Didaktik, Pädagogik, Psychologie und Diagnostik sowie methodisches, fachwissenschaftliches und -didaktisches Handwerkszeug erhalten Sie im berufsbegleitenden Studium und in den Fachseminaren während Ihres Vorbereitungsdienstes. Hier werden Sie auch viel Input zur Unterrichtsplanung erhalten. Außerdem lernen Sie als Quereinsteiger vor allem aus der laufenden Arbeit an der Schule. Paten oder Mentoren sind Ihnen dabei eine wichtige Unterstützung und Entlastung im Schulalltag. Die ausführliche Versorgung mit Literatur, Stundenentwürfen und Inhalten von Anfang an kann auch systematisch in einem Begleitprogramm (wie z. B. QuerBer in Berlin) erfolgen.

Da Sie sich in einem komplexen Lernprozess befinden, bei dem neue Inhalte und Erfahrungen mit den eigenen Vorerfahrungen permanent verknüpft werden, habe ich mich für die vorliegende Form des Lernportfolios entschieden, das aufgebautes Wissen immer wieder aufgreift und hinterfragt.

1.2 Langfristiges Lernen und professionelle Entwicklungsmöglichkeiten im Fokus

Ermöglichen Sie sich eine mehrtägige Hospitation, z. B. über eine ganze Woche. Nur so bekommen Sie einen realistischen Einblick in den Schulalltag. Sie können so wichtige Vergleiche ziehen und anfangen, für sich zu entscheiden, welche Arbeitsweisen, Umgangsformen und Methoden für Sie infrage kommen und welche nicht.

Grundsätzlich besteht Ihr Weg hin zu einer vollwertig und professionell ausgebildeten Lehrkraft aus einem sich wiederholenden Dreischritt aus:

1. Unterricht beobachten (gerade auch den eigenen)
2. Unterricht selbst durchführen
3. Unterricht reflektieren

Das herausstechendste Merkmal von Ihnen als Quereinsteiger ist, dass Sie von Anfang an viel mehr Unterrichtsstunden eigenverantwortlich unterrichten müssen, als es im herkömmlichen Referendariat bisher üblich war. Mit dem Arbeitsaufwand steigen tendenziell auch die Verantwortung und der Druck. Daraus folgt in der Regel ein Höchstmaß an Planungs- und Organisationsaufwand und dadurch eventuell auch Stress und Zeitdruck durch die berufsbegleitende Ausbildung. Das gilt es zu vermeiden. Die große Zahl an Unterrichtsstunden soll vielmehr als eine Chance betrachtet werden, aus einer großen Zahl von Erfahrungen effektiv und schnell lernen zu können.

Die Möglichkeit, von Anfang an mithilfe des Portfolioprinzips strukturiert, professionell und langfristig an der Entwicklung der eigenen Lehrerrolle und wesentlicher Routinen zu arbeiten, sollte diesbezüglich als hilfreiche Unterstützung betrachtet werden. Grundlage hierfür ist eine durch Leitfragen gelenkte Fremd- und Selbstbeobachtung von Unterricht. Gerade für Sie als Quereinsteiger ist die gelenkte Fremd- und Selbstbeobachtung von Unterricht eine Gelingensbedingung für Ihre Ausbildung und die langfristige Arbeit an einer Schule. So soll dieses Buch eine Schnittstelle zwischen den Beobachtungen, Inputs und Eindrücken aus dem Arbeits- und Ausbildungsalltag und den Herausforderungen einer effizienten, strukturierten und professionellen Lehrerentwicklung sein.

Drei Hauptziele gilt es schließlich zu erreichen:

1. den erfolgreichen Abschluss der Ausbildung
2. guten Unterricht möglich zu machen, möglichst von Anfang an
3. ein langes, zufriedenes und gesundes Berufsleben

In Berlin habe ich mein berufsbegleitendes Referendariat absolviert und bin dort über die Berufseingangsphase (kurz: BEP) in den Lehrerberuf eingestiegen. Dieses Buch soll natürlich standortunabhängig seinen Nutzen haben. Deshalb lesen Sie die Beispiele mit Berlinbezug bitte rein zur Verdeutlichung oder Illustration eines Sachverhalts und finden Sie für sich heraus, wie es dazu konkret an Ihrer Schule oder in Ihrem Bundesland aussieht.

Ziel des vorliegenden Arbeitsbuches ist es also, Ihnen neben dosierten Inputs vor allen Dingen die richtigen Fragen an die Hand zu geben, die zu mehr Klarheit und Orientierung während der ersten Monate und dann auch während Ihres gesamten Quereinstiegs führen sollen. Die in den Leitfragen verwendeten Fachbegriffe und Positionsbezeichnungen sollten Ihnen möglichst schnell geläufig werden. Der Jargon der Schule kann durchaus Züge einer Fremdsprache annehmen.

„Gute Auswertung beginnt mit der genauen Beobachtung" (Meyer 2015: 227).

Wie bereits erläutert, ist die Grundlage der Portfolioarbeit eine genaue Fremd- und Selbstbeobachtung. Deshalb fordert Sie das Portfolio in regelmäßigen Intervallen auf, Inhalte und Themen immer wieder neu zu beobachten, zu dokumentieren und schließlich auf dieser Grundlage zu bewerten.

Denken Sie auch hier schon frühzeitig an die Entwicklung von Themen für Ihre Staatsprüfung, die den Abschluss des Referendariats darstellt, und an die Formulierung von persönlichen Entwicklungszielen.

Tipp: Weniger ist bei der Wahl der Entwicklungsziele mehr! Legen Sie gezielt einen Schwerpunkt nach dem anderen und arbeiten Sie diese ab. Solche Ziele können z. B. sein, Ihre Redeanteile zu senken und die Schüler mehr zu aktivieren. Stimmen Sie diese Ziele bitte mit den für Sie zuständigen Mentoren, gegebenenfalls Paten und Ihren Ausbildern ab, damit Sie als Team an Ihrer Entwicklung arbeiten können. Nutzen Sie das Portfolioprinzip gezielt, um Ihre Entwicklung sichtbar zu machen. Halten Sie zu den Leitfragen auch immer Ihre Beurteilungskriterien oder Begründungen fest: Woran mache ich fest, ob ich mein Ziel erreicht habe oder nicht? Gerade für die Arbeit im Studienseminar, z. B. auch als Grundlage für eine Prüfung, sind diese Entwicklungsdokumentationen Gold wert.

2. Was ist ein Quereinsteiger? Begriffe, Hintergründe, Fakten

2.1 Quereinsteiger: eine Lösung des Problems Lehrermangel

Wenn man sich vor Augen führt, dass ein Grund für Ihre Anstellung als Quereinsteiger der bundesländerübergreifende Lehrkräftemangel ist, so ist es nur angebracht, an dieser Stelle festzustellen, dass Sie ein Teil der langfristigen Lösung dieses Mangels sind. Diese Feststellung ist deshalb wichtig, weil die Haltung, mit der Ihnen Eltern, Kollegen und die für Ihre Ausbildung zuständigen Personen begegnen sollten, eine wertschätzende sein sollte. Sie werden gebraucht, und zwar als Lehrperson lange über die Zeit des Quereinstiegs hinaus. Dieses Arbeitsbuch soll deshalb auch dabei helfen, Ihnen bewusst zu machen, dass Sie sich Schritt für Schritt professionalisieren und so einen wesentlichen Beitrag zur Erhaltung und Weiterentwicklung unserer Schullandschaft leisten.

2.2 Begriffsunterscheidung Quereinstieg und Seiteneinstieg

In manchen Bundesländern, den Medien und dem alltagssprachlichen Gebrauch werden die Begriffe Seiten- und Quereinsteiger synonym verwendet.

Einige Bundesländer unterscheiden mit den Begriffen jedoch zwei Möglichkeiten, in den Lehrerberuf einzusteigen:

- *Quereinsteiger* leisten berufsbegleitend oder vorgelagert den Vorbereitungsdienst, das Referendariat, ab. Sie erhalten danach eine volle Lehrbefähigung und können auch verbeamtet werden, wenn sie das dafür vorgesehene Höchstalter in ihrem Bundesland nicht überschritten haben. Die Bezahlung ist während des Vorbereitungsdiensts in der Regel zunächst niedriger als beim Seiteneinstieg.
- *Seiteneinsteiger* kommen meist ohne eine spezielle pädagogische Ausbildung direkt an die Schulen, um zu unterrichten. Pädagogische Qualifizierungsmaßnahmen erfolgen berufsbegleitend, teilweise ergänzt durch eine Einführung vorab. Wie lange diese Vorbereitungszeit dauert und welche Inhalte vermittelt werden, unterscheidet sich je nach Bundesland stark. Ob die volle Lehrbefähigung erteilt wird und eine Verbeamtung möglich ist, ist von den Vorgaben des jeweiligen Bundeslands abhängig.

Seiteneinsteiger in NRW beispielsweise absolvieren eine 24-monatige berufsbegleitende Ausbildung, an deren Ende Staatsprüfung und Lehramt stehen.
Mit dem Unterschied, dass der berufsbegleitende Vorbereitungsdienst 18 Monate dauert, sind es in Berlin die Quereinsteiger, die auf diesem Wege zum Lehrerberuf kommen. Seiteneinsteiger in Berlin dagegen übernehmen wie die Quereinsteiger von Anfang an viel Unterrichtsverantwortung, absolvieren aber nicht das Referendariat.

Länderübergreifend gilt grundsätzlich, dass sich Seiteneinsteiger in das Lehramt von den Quereinsteigern dadurch unterscheiden, dass sie nicht verpflichtet sind, ihr Referendariat zu absolvieren. Zu den spezifischen Bedingungen und Möglichkeiten der einzelnen Bundesländer hinsichtlich des Quer- bzw. Seiteneinstiegs bietet die Website des Bildungsservers hilfreiche und aktuelle Informationen.

Auch wenn sich dieses Buch explizit an Quereinsteiger wendet, sind Sie als Seiteneinsteiger selbstverständlich auch eingeladen, dieses Arbeitsbuch zu benutzen. Auch wenn Sie Ihr Referendariat nicht berufsbegleitend absolvieren sollten, können Sie von den Portfoliobögen und den Praxistipps profitieren: eine strukturierte Entwicklung hin zum voll ausgebildeten Lehrer, ob berufsbegleitend oder herkömmlich, ist definitiv wünschenswert und ein Gewinn für alle Beteiligten.

2.3 Als Quereinsteiger sind Sie Auszubildender

Was auch immer Ihr beruflicher Hintergrund ist: Als Quereinsteiger befinden Sie sich in einem Ausbildungsverhältnis.

Um gut im neu gewählten Beruf anzukommen, benötigen Sie in erster Linie natürlich eine gute Vorbereitung auf die Tätigkeit als Lehrer. Neben fachspezifischen Kenntnissen, die in der Regel aus dem zuvor ausgeübten Beruf und der Ausbildung mitgebracht werden, sind es vor allem didaktische und pädagogische Qualifikationen, die vorgelagert oder berufsbegleitend erworben werden müssen.

Sie werden als Quereinsteiger das Zweite Staatsexamen erwerben, sprich: Sie sind Referendar im berufsbegleitenden Vorbereitungsdienst. Zwar gibt es inzwischen auch schon Fachseminarleiter, die selbst einmal den Quereinstieg gemeistert haben, jedoch ist die Ausbildung auf die herkömmlichen Referendare zugeschnitten.
Entscheidend ist also, dass Sie in den meisten Fällen eine Ausbildung unter Bedingungen absolvieren, die Ihren Ausbildern, was die eigene, direkte Erfahrung dieses Weges angeht, fremd ist. Deshalb legt dieses Arbeitsbuch besonderen Wert darauf, Ihre Erfahrungen sinnvoll zu strukturieren und sie so für Ihren Weg zum Zweiten Staatsexamen für das Lehramt nutzbar zu machen.

Die Ausbildungssituation ist für Sie neu bzw. wieder neu. Unabhängig von Ihrem ersten Bildungsweg haben Sie mit den anderen Quereinsteigern spätestens im berufsbegleitenden Referendariat gemeinsam, dass Sie als Referendare auch Lernende sind, die systematisch zu einer professionellen Lehrperson ausgebildet werden.

2.4 Abgrenzung zum herkömmlichen Referendariat

Der entscheidende Unterschied, der grundsätzlich Gültigkeit für die doch sehr verschiedenen Bundesländer haben kann, ist dieser: Als Quereinsteiger geben Sie von Anfang an viel mehr Unterrichtsstunden, die eigenständig vor- und nachbereitet werden müssen, als es im herkömmlichen Referendariat üblich ist. Sofern Sie schon mit Ihrer Arbeit begonnen haben, werden Sie dies sicher bestätigen können.

Tipp: Mit einem soliden Netzwerk an wertschätzenden und professionellen Unterstützern ist der Quereinstieg mitsamt berufsbegleitenden Studien und dem berufsbegleitenden Referendariat zu meistern. Legen Sie also größten Wert auf die Vernetzung mit Kollegen und den Aufbau von funktionierenden Teams.

Positiv formuliert möchte ich den Unterschied zum herkömmlichen Referendariat so fassen: Die hohe Anzahl an eigenverantwortlich zu unterrichtenden Stunden bedeutet für Sie einen hohen Anteil echter Lernzeit. Sie lernen und arbeiten gleichzeitig, deshalb soll Ihnen dieses Arbeitsbuch Hinweise geben, wie Sie das Wissen und den Input aus Ihrer Ausbildung effektiv einsetzen können. Machen Sie das auch Personen klar, die Sie wegen Ihrer Rolle als Quereinsteiger eventuell nicht gerade wertschätzend behandeln.

2.5 Orientierung in der Ausbildungssituation

Zur Ausbildungssituation von Nachwuchslehrkräften heißt es bei Dreer (2018), dass damit verbundene „Aktivitäten wegen der hohen Arbeitsbelastung oftmals neben dem Tagesgeschäft statt[finden]. Zahlreiche Lehrerinnen und Lehrer sind neben dem Unterricht auch für die Betreuung des Lehrernachwuchses zuständig“ (Dreer 2018: 7). Entscheidend hierbei ist, dass den Kollegen die Betreuung des Nachwuchses in vielen Fällen aufgedrückt wird. Außerdem erhalten sie selten einen Ausgleich für den damit verbundenen Aufwand (vgl. Dreer 2018: 7). Gehen Sie von daher behutsam vor, wenn Sie Ihre Kollegen kennenlernen. Verstimmungen innerhalb der Schule, die nichts mit Ihnen persönlich zu tun haben, sollten nicht zu Ihrem Problem werden.

Tipp: Finden Sie schon bei der ersten Hospitation heraus, wer an der Schule für die Beratung und Ausbildung der Nachwuchslehrkräfte zuständig ist. Eine Leitfrage dabei: Erfüllt die Person diese Aufgabe gerne und freiwillig? Ein Kriterium für eine wertschätzende Ausbildungsschule ist es, wenn es eine professionelle, wertschätzende Kultur im Umgang mit Ausbildern und Auszubildenden gibt.

2.6 Worauf kommt es in der Ausbildung an?

Ziel Ihrer Ausbildung ist die Entwicklung einer professionellen Lehrerrolle. „Lehrerinnen und Lehrer können ihren Beruf erfolgreicher und gesünder ausüben, wenn ihr Arbeitsumfeld die Erfüllung zentraler Bedürfnisse ermöglicht“ (Dreer 2018: 11). Neben den Lernerfahrungen aus der Schule und der strukturierten Ausbildung in den Studien und im Referendariat kann ein Verständnis für die eigenen Bedürfnisse als Nachwuchslehrer ein Erfolgsgarant sein. Auf den geübten Perspektivwechsel kommt es an. Unternehmen Sie also den Versuch, durch die Orientierung an Ihren eigenen Bedürfnissen ein Gefühl für die Bedürfnisse Ihrer Schüler, der Erziehungsberechtigten, der Kollegen, der Vorgesetzten, der Mentoren und von allen an Ihrer Ausbildung beteiligten Akteuren zu entwickeln. Über die Ausbildung hinaus sind diese Personen wichtige Kooperationspartner, die Ihnen den Berufsalltag erleichtern werden. Dreer nennt drei wesentliche Funktionen bzw. Rollen der betreuenden Lehrkräfte. Sie sind Wissensvermittler, Lernbegleiter und Feedbackgeber (vgl. Dreer 2018: 7).

2.7 Ihre rechtliche Stellung als Quereinsteiger

Als Quereinsteiger wird von Ihnen ein wesentlicher Perspektivwechsel verlangt: Sie sind nicht mehr Schüler einer (Grund-)Schule, Sie sind nicht mehr Erziehungsberechtigter, als Quereinsteiger sind Sie im Einsatz eine Lehrperson, die jedoch von Ihren vielfältigen Vorerfahrungen profitiert.

Grundsätzlich gilt, dass Sie als Quereinsteiger eine Lehrperson sind. Im Berliner Schulgesetz heißt es schlicht: „(1) Lehrerin oder Lehrer (Lehrkraft) ist, wer an einer Schule selbstständig Unterricht erteilt“ (SchulG Berlin §67, GEW Berlin 2016). Sie sind praktisch von Anfang an eine richtige Lehrperson mit allen Rechten und Pflichten. Damit Sie sich selbst Klarheit über Ihren Stand verschaffen und gegebenenfalls auch in Diskussionen souveräner argumentieren können, sollten Sie sich vorab mit der Rechtslage in Ihrem Bundesland vertraut machen. Die folgenden Leitfragen können Ihnen dabei helfen:

Wo finde ich die jeweils gültige Rechtsgrundlage für meinen Quereinstieg?	
Wo sind meine Rechte und Pflichten konkret geregelt? (z. B. Paragrafen)	
Wie sehen meine Pflichten konkret aus?	
Was sind meine Rechte?	

2.8 Kritik am Quereinstieg

Es kann passieren, dass Sie als Quereinsteiger auch mit Anfeindungen umgehen müssen, kein „richtiger" Lehrer zu sein. Diese Anfeindungen können aus der Presse und der Politik, aber auch von Eltern und Kollegen kommen. Als Quereinsteiger keine richtige Lehrperson zu sein: Das zu suggerieren ist das Gegenteil von Wertschätzung und Respekt. Es ist kontraproduktiv und lenkt von den Besonderheiten Ihrer Ausbildung ab, die Sie im Optimalfall Woche für Woche professionalisiert. Der vorliegende Band soll Ihnen dabei helfen, möglichst schnell an der Schule Fuß zu fassen und selbstbewusst als Lehrperson auftreten zu können.

Tipp: Quereinsteiger – in der Presse, in der Öffentlichkeit: Zu diesem Thema habe ich beim Tagesspiegel am 01.05.2019 Stellung bezogen und zusammen mit einer Kollegin auf die Chancen einer professionellen berufsbegleitenden Ausbildung hingewiesen.

3. Unterstützung während des Quereinstiegs

3.1 Wer kann Unterstützung leisten?

Während Ihres Quereinstiegs werden Sie in hohem Maße von unterschiedlichen Personengruppen gefordert. Diese sind vor allem:

- die Schüler
- die Erziehungsberechtigten
- die Schulleitungen
- die Kollegen
- die Seminarleiter

Forderungen und Anforderungen können unter Umständen zu Überforderungen führen. Das gilt es, so gut es geht, zu vermeiden. Aus diesen fordernden Parteien sollten durch Kommunikation und echte Kooperation nach und nach Unterstützer werden. Ihr engster Verbündeter und Unterstützer – idealerweise von Anfang an – ist jedoch für gewöhnlich Ihr Mentor.

Durch die Beobachtungsbögen und Portfolioseiten entwickeln Sie ein Verständnis für Ihre Arbeitsumgebung und Ausbildungssituation als Grundlage für den Aufbau eines starken Unterstützernetzwerkes. Vielleicht haben Sie schon eine Idee, wer Sie alles unterstützen könnte?

Wer ist mein Mentor?	
Wer kann mich im Quereinstieg unterstützen?	
Wie könnte ihre/seine Hilfe konkret aussehen?	
Gibt es an meiner Ausbildungsschule eine Kultur und/oder Tradition für eine gute Ausbildung von Nachwuchslehrkräften?	
Wenn ja: Woran erkennen Sie diese Kultur und/oder Tradition?	
Wenn nein: Woran erkennen Sie andernorts eine solche Kultur und/oder Tradition?	

3. Unterstützung während des Quereinstiegs

Füllen Sie den folgenden Abschnitt **in der ersten Woche** Ihres Quereinstiegs aus.

Folgende Unterstützer sind eine Besonderheit meines Standortes:	– – – – – – –

Schauen Sie genau hin: Wer ist an Ihrem Einsatzort für Sie zuständig?

Leifrage	Name	Kontakt	Wie sieht die konkrete Unterstützung für Quereinsteiger aus?
Welche Gewerkschaft ist für mich zuständig?			
Wer aus der Schulleitung ist für meine Belange zuständig?			
Wer aus dem Kollegium kann mich unterstützen (formell und informell)?			
Wer aus dem Team der Seminarleiter ist für meine Belange zuständig?			
Gibt es Fachberater, die mich unterstützen können?			
Mit welchen anderen Quereinsteigern kann ich so zusammenarbeiten, dass mich das unterstützt?			

3. Unterstützung während des Quereinstiegs

Gibt es andere Referendare, mit denen ich ein Arbeits- und/oder Prüfungsteam bilden kann?			
Gibt es Paten, die für mich da sein können?			
Wer aus dem Team der Sekretärinnen, Hausmeister und Schulhelfer oder Schulbegleiter kann mich während des Quereinstiegs unterstützen?			

Füllen Sie den folgenden Abschnitt **nach den ersten vier Wochen** Ihres Quereinstiegs aus.

Wer hat mich in den letzten vier Wochen im Quereinstieg unterstützt?	
Von wem wünsche ich mir mehr Unterstützung?	
Wie sah/sieht ihre/seine Unterstützung konkret aus?	
Aus dem Austausch mit anderen Quereinsteigern: Wer hat mich besonders unterstützt?	

Füllen Sie den folgenden Abschnitt **nach den ersten drei Monaten** Ihres Quereinstiegs aus und ziehen Sie eine erste Bilanz:

Wer hat mich in den letzten drei Monaten im Quereinstieg so unterstützt, dass ich von ihm positiv beeindruckt und inspiriert bin?	
Wie sah/sieht ihre/seine Hilfe konkret aus?	
Mit wem arbeite ich gerne zusammen?	
Im Hinblick auf die Abschlussprüfung: Kommt eine Gruppenprüfung infrage und wenn ja: Mit wem? Gibt es bereits ein mögliches Prüfungsthema?	
Von wem wünsche ich mir mehr Unterstützung, besonders mit Blick auf die Abschlussprüfungen?	

4. Das berufsbegleitende Studium

4.1 Grundlegendes und Organisatorisches

In den berufsbegleitenden Studien werden Sie als Quereinsteiger die Studieninhalte nachholen, die Ihnen fehlen, um zum Vorbereitungsdienst zugelassen werden zu können. Für das Lehramt an Grundschulen werden in der Regel die Fächer Mathematik, Deutsch, Sachunterricht, aber ggf. auch Englisch und Sonderpädagogik angeboten. Neben der Fachwissenschaft und -didaktik sollten auch pädagogische Grundlagen Bestandteil der Ausbildung sein. Grundsätzlich gilt, dass die angebotenen Fächer der jeweiligen Bedarfslage des Bundeslandes entsprechen und sich im Verlauf der Zeit ändern können.

Die Organisation und Dauer des berufsbegleitenden Studiums variieren von Bundesland zu Bundesland. Hier können Sie sich über die Internetseiten der jeweiligen Bildungsserver Ihres Bundeslandes informieren. Häufig unterrichten die Quereinsteiger bereits zeitgleich zu den Studien, aber auch hier unterscheidet sich der Ablauf von Bundesland zu Bundesland.

Gerade zu Beginn Ihres Quereinstiegs haben Sie sicherlich noch viele Fragen oder es gibt Unklarheiten. Hinsichtlich organisatorischer, aber auch anderer Fragen sollte es auch für die berufsbegleitenden Studien eine Ansprechperson geben, die Ihnen mit Rat und Tat zur Seite steht. Wer ist diese Ansprechperson für Sie? Wie und wann ist diese Person für Sie erreichbar?

4.2 Ressourcen und Material

Wie bereits erwähnt, werden Sie als Quereinsteiger in den berufsbegleitenden Studien mit fachwissenschaftlichen, didaktischen und allgemeinen pädagogischen Inhalten versorgt. Hier werden Sie sicherlich bereits einige Inhalte mit Ihren Vorerfahrungen vernetzen können. Auch kann es hilfreich sein, sich zu informieren, ob es dort, wo Ihr berufsbegleitender Unterricht stattfindet, eine Bibliothek oder einen Raum für Teamarbeit gibt.

Damit Sie bei all dem Material, Pflichtlektüren und Co den Überblick behalten, kann Ihnen die folgende Tabelle helfen.
Nutzen Sie die letzte Spalte, um ca. zwei Monate vor Ihrem Zweiten Staatsexamen festzuhalten, wie Sie von den Materialien profitiert haben.

Gibt es verbindliche Pflichtlektüre(n) aus dem berufsbegleitenden Studium Fach 1?		
Gibt es verbindliche Pflichtlektüre(n) aus dem berufsbegleitenden Studium Fach 2?		
Gibt es verbindliche Pflichtlektüre(n) aus freiwillig besuchten Fort- und Weiterbildungen?		

Gibt es darüber hinaus Ressourcen und Material, das ich direkt für den eigenständigen Unterricht an der Schule nutzen kann?		
Diese Materialien helfen mir bei meinem eigenen Unterricht direkt weiter:		
Über folgende Inhalte, Methoden etc., die für mich zu Erfolgserlebnissen geführt haben, möchte ich mich in Zukunft detaillierter informieren:		
So habe ich von den Materialien profitiert:		

Tipp: Informieren Sie sich auch, welche Bücher, Ganzschriften, fachdidaktische Literatur, Medien (Computer) und sonstige Materialien, auch zur Differenzierung, es außerdem an Ihrer Schule gibt und wer für diese zuständig ist.

4.3 Praxistipp aus Berlin: die pädagogische Beratung des Medienforums

Dass das Medienforum in Berlin mehr ist als nur eine Bibliothek, zeigt das pädagogische Beratungsangebot. Erfahrene Lehrkräfte helfen hier durch gezielte Literaturempfehlungen weiter. Meine eigene Erfahrung hat gezeigt, dass die Lehrkräfte der pädagogischen Beratung einfühlsam, geduldig und auf Augenhöhe wertvolle Praxistipps geben, das Material aus den Studien, Unterrichtsentwürfe, Best-Practice-Beispiele etc. dadurch aktiv zum Leben zu erwecken, indem man sie auf die eigene Lerngruppe anpasst. Sie lernen, sich aktiv etablierte Vorgaben und Vorlagen anzueignen, sich in die Literatur einzuarbeiten, in der Schule auszuprobieren, die Resultate zu reflektieren und Ihr eigenes Vorgehen zu optimieren.

Im Netz und in den Bibliotheken ist die Fülle an Materialien enorm. Die professionelle Beratung, wie sie im Medienforum stattfindet, hilft, dass Sie fokussiert Ressourcen nutzen und zielgerichtet Material auswählen, das zu Ihnen und zu Ihrer Lerngruppe passt.

Tipp: Erkundigen Sie sich an Ihrem Standort, ob es ein vergleichbares Angebot wie das Medienforum in Berlin gibt, welches Sie während Ihrer Ausbildung und darüber hinaus nutzen können.

4.4 Studieninhalte

Sie werden während Ihrer berufsbegleitenden Studien viel Input in den Fachwissenschaften und -didaktiken sowie in pädagogischen Grundlagen erhalten. Um die Bandbreite an Informationen zu filtern, kann es hilfreich sein, Themen oder Aspekte, die Sie als besonders wichtig erachten, für Ihre eigenen Aufzeichnungen festzuhalten.

Folgende Themen waren mir zu Beginn der berufsbegleitenden Studien komplett neu:	
Was haben diese Inhalte konkret mit dem Schulalltag zu tun? Wie bringen sie mich konkret weiter?	
Folgende Themen haben mich überrascht:	
Was haben diese Inhalte konkret mit dem Schulalltag zu tun? Wie bringen sie mich konkret weiter?	
Folgende Themen kannte ich bereits aus meinem früheren Beruf:	
Was haben diese Inhalte konkret mit dem Schulalltag zu tun? Wie bringen sie mich konkret weiter?	
Falls zutreffend: Da ich schon einmal in einer Schule gearbeitet habe, kenne ich mich aus mit:	
Was haben diese Inhalte konkret mit dem Schulalltag zu tun? Wie bringen sie mich konkret weiter?	
Mit diesem Thema fühle ich mich besonders wohl:	
Mit diesem Thema fühle ich mich noch nicht so wohl:	

5. Die erste Zeit an der Schule

5.1 Ausbildung im Schulalltag

In den berufsbegleitenden Studien und im berufsbegleitenden Referendariat sollte der Grundsatz gelten: Die Ausbildung geht vor. Trotz der großen Verantwortung im Schulalltag sind Sie in erster Linie Auszubildender und es ist in der Regel Ihre Schulleitung, die Ihnen einen reibungslosen Ablauf Ihrer Ausbildung ermöglichen sollte.
Auch hier kann das Beantworten der Leitfragen hilfreich sein, um sich mehr Klarheit zu verschaffen:

Wo ist mein Ausbildungsverhältnis geregelt?	
Was sind die wichtigsten Rechte als Auszubildender?	
Was sind meine wichtigsten Pflichten als Auszubildender?	
Was erschwert mir meine Ausbildung?	
Wer verschafft mir Entlastung mit Bezug auf meine Ausbildung?	

Zögern Sie auch hier nicht, umgehend Erschwernisse direkt bei den Verantwortlichen anzusprechen und nach gemeinsamen Lösungswegen zu suchen. Auch wenn das am Anfang vielleicht merkwürdig klingt: Die Ausbildungszeit ist kostbar und kürzer, als Sie denken – Sie werden am Ende geprüft und benotet.

5.2 Als Lehrkraft Verantwortung übernehmen

Denken Sie an Ihre eigene (Grund-)Schulzeit: Der Klassenlehrer war in der Regel diejenige Lehrperson, die mit Ihrer Klasse am meisten Zeit verbracht hat. Er wird es gewesen sein, mit dem auch Ihre Erziehungsberechtigten den meisten Kontakt hatten.
Sicherlich haben Sie noch in Erinnerung, welche vielfältigen Aufgaben das Dasein eines Klassenlehrers prägen:

- Verantwortung für den eigenen Unterricht
- viel Verantwortung für eine Lerngruppe
- viel Zeit und viele Stunden in einer Lerngruppe, von daher mehr Chancen, positive Beziehungen zu den Schülern aufzubauen
- Verantwortung für erzieherische Entscheidungen
- Verantwortung für die Elternarbeit

Ob Sie als Quereinsteiger bereits als Klassenlehrer eingesetzt werden dürfen, kann je nach Einsatzort unterschiedlich geregelt sein. Klären Sie gegebenenfalls, ob Sie als Quereinsteiger mit dieser Rolle betraut werden dürfen oder ob es hierzu an Ihrem Einsatzort Empfehlungen gibt. Um Überforderungen und Missverständnisse zu vermeiden, kann es sinnvoll sein, sich frühzeitig abzusichern.

5.3 Erste Orientierung an der Schule

Natürlich gibt es viele Fragen, die Sie am Anfang beschäftigen. Wie werden Sie eingesetzt? In welcher Klasse und in welchen Fächern? Welche Lehrwerke oder Arbeitshefte werden im Unterricht verwendet?

Diese Fragen werden sich sicherlich schnell klären. Darüber hinaus wird es weitere Aspekte geben, die für eine Orientierung und Organisationen Ihres Schulalltages hilfreich sein können.

Die folgende Vorlage können Sie nutzen, um sich an Ihrer Schule von Anfang an zu orientieren und einen Überblick über Organisatorisches und die Zuständigkeitsbereiche einzelner Personen zu erhalten.

Zuständigkeitsbereich	**Person/Bezeichnung der Funktion**
Stundenplan	
Vertretungsplan	

Ausleihe und Ausgabe von Büchern und anderen Lernmaterialien	
Wartung von technischen Geräten (elektronische Tafeln z. B.)	

Tipp: Übernehmen Sie gleich alle wichtigen Informationen in Ihren Terminplaner (Unterrichtszeiten, Stundenpläne, Gesamtkonferenzen, Notenschluss, Wandertage, Klassenfahrten, Betriebspraktika, Schulfest …), damit Ihnen nichts durch die Lappen geht.

Um sich direkt zu Beginn einen Überblick über wichtige Aktionsfelder zu verschaffen, kann die Beantwortung der folgenden Leitfragen hilfreich sein.

Hat Ihre Schule eine eigene Fachbibliothek oder einen eigenen Medien-Pool?	
Gibt es die Gelegenheit, im Kollegium / im Team regelmäßig Termine, Veranstaltungen etc. auszuwerten und sich gegebenenfalls über deren Weiterentwicklung auszutauschen?	
Welche Beratungs-, Vernetzungs- und Weiterbildungsangebote gibt es für Sie an Ihrem Standort? (auch nach der Quereinsteigerausbildung in der Berufseingangsphase)	

5.4 Anschaffung von Literatur, Unterrichtsmaterialien und Co

Persönlich habe ich die Erfahrung gemacht, dass eigenes Material, jederzeit für mich zugänglich und verwendbar, eine große Planungserleichterung darstellt und die Unsicherheit, dass gemeinsam genutztes Material doch nicht da ist, wo es sein soll, somit umgangen wird. Trotzdem kann es sinnvoll sein, sich mit Kollegen oder anderen Quereinsteigern oder Referendaren zu Kaufgemeinschaften zu verabreden. Nehmen Sie sich in jedem Fall Zeit, die Materialien zu entdecken. Haben Sie keine Angst davor, schon von Anfang an Ihr Wohlfühlmaterial auszuwählen: Sie müssen ja schließlich damit arbeiten.

5.5 Who's who?

Sie können, gerade in den ersten Wochen, nicht alles selbst wissen. Nutzen Sie zum Kennenlernen des Kollegiums und zum Aufbau eines kollegialen Netzwerkes die folgenden Leitfragen zur Orientierung:

Wer ist mein(e) Mentor / anleitende Lehrperson / Ansprechpartner an der Schule?	
Wer kennt sich besonders gut in schulrechtlichen Fragen aus?	
Wer ist Experte in Sachen Differenzierung?	
Wer ist Experte in Sachen Inklusion?	
Wer ist Experte in Sachen Förderpläne?	
Wer ist Experte in Sachen Erziehungs- und Ordnungsmaßnahmen?	
Wer ist für das Arbeitsmaterial im Kollegium schulintern zuständig?	
Wer kennt die Lerngruppe(n) besonders gut, in denen ich unterrichten werde?	
Wer kennt sich gut mit der Bedienung der elektronischen Tafeln aus? (falls vorhanden)	
Wer ist Experte in Sachen Dyskalkulie?	
Wer ist Experte in Sachen ADHS?	
Wer ist Experte in Sachen Lese- und Rechtschreibförderung?	
Wer ist Experte in Sachen Unterrichtseinstiege?	

Wer ist Experte in Sachen Elternarbeit?	
Wer ist an der Schule für Feste und Veranstaltungen zuständig?	
Wer ist Experte in Sachen Klassenfahrten?	
Wer ist Experte in Sachen Hospitationen?	
Wer ist Experte in Sachen Praktika?	
Wer ist Experte in Sachen Unterrichtsplanung?	
Wer ist Experte in Sachen Rituale im Unterricht?	
Wer ist Experte in Sachen Klassenraumgestaltung?	
Wer ist Experte in Sachen Lehrerrolle und Lehrerverhalten?	
Wer ist Experte in Sachen Unterrichtsstörungen?	
Wer ist Experte in Sachen Benotung?	
Wer ist Experte in Sachen Team- und Zusammenarbeit im Kollegium?	
Wer ist Experte in Sachen Umgang mit Stress?	
Wer ist Experte in Sachen Fortbildungen?	
Wer ist Experte in Sachen Schüleraustausch / internationale Programme? (falls vorhanden)	

5.6 Das schulinterne Curriculum

Sicherlich stellt sich Ihnen die Frage, was Sie eigentlich in den einzelnen Fächern unterrichten werden. Relevante Informationen erhalten Sie in der Regel von den Kollegen, die den jeweiligen Fachkonferenzen vorsitzen.
Die Informationen, welche Themenfelder mit welchen Zielen, wann und mit Bezug auf welche Kompetenzen vermittelt werden sollen, sind in einem schulinternen Curriculum festgelegt. Das bedeutet, dass sich die Kollegen im Rahmen der Fachkonferenz Gedanken gemacht haben, wie der jeweilige Lehr- bzw. Rahmenplan an Ihrer Schule konkret umgesetzt wird. Besorgen Sie sich von daher am besten gleich, wenn noch nicht geschehen, die einschlägigen Pläne für das Schuljahr von den zuständigen Kollegen.

Tipp: Als Quereinsteiger lernen Sie anfangs durch das Nachahmen und Kopieren von gelungenen Curricula, Unterrichtseinheiten und Stundenentwürfen. Sie erfinden dabei das Rad nicht neu? Jein, denn klar spielen Sie Bewährtes nach, neu ist allerdings dabei, dass Sie so Ihre ganz eigene Lehrerrolle entwickeln und dabei auch unbezahlbare Erfahrungen sammeln, mit welchen Methoden, Sozialformen und Themen Sie sich besonders wohlfühlen. Dabei muss immer gelten: Sie haben Ihre Lerngruppe im Blick und Sie passen die Vorlagen auf diese Gruppe an.

6. Stärken nutzen – Wie Sie sich am neuen Arbeitsplatz einbringen können

6.1 Was haben Sie zu bieten?

Ihren Platz im Kollegium sollten Sie sich möglichst kreativ und kollegial erarbeiten. Auch hier sollen Ihnen die Leitfragen helfen, von Anfang an Ihre Umgebung aktiv und positiv zu gestalten. Denken Sie daran: Sie fügen sich auf der einen Seite in etablierte Strukturen ein, auf der anderen Seite ist Ihre Rolle als „der Neue" von Ihnen gestaltbar. Bauen Sie Ihre Rolle rund um Ihre Stärken auf. Was haben Sie zu bieten? Welche Fähigkeiten und Fertigkeiten bringen Sie aus Ihrem Leben vor dem Quereinstieg mit?
Nutzen Sie die folgenden Leitfragen, um sich über Ihre Stärken klar zu werden.

Meine Stärken	
Welches Unterrichtsfach mochte ich am liebsten?	
Welches Unterrichtsthema ist mir im Gedächtnis geblieben?	
Gibt es eventuell ein Unterrichtsprojekt, aus dem ich viel mitgenommen habe?	
Für welche Fähigkeit bin ich im Freundeskreis bekannt?	
Für welche Fähigkeit war ich unter ehemaligen Kollegen bekannt?	

6.2 Wie setzen Sie Ihre Stärken ein?

Im Berliner QuerBer-Programm wird die Suche nach den Stärken übrigens als „Schatzsuche“ bezeichnet. Der Fokus des Feedbacks und der Beobachtung liegt darauf, festzustellen, was in einer Stunde gut lief, statt die Defizite zu sehr in den Vordergrund zu rücken.

Wenn Sie Ihre Stärken in den Schulalltag einbringen, brauchen Sie vor allem eines: Geduld. Sie lösen Ihre Stärken aus dem privaten Rahmen und machen diese zu einem Anteil Ihrer wachsenden Lehrerrolle. Damit sich Ihre Stärken als Teil Ihrer Lehrerrolle entwickeln können, kann es hilfreich sein, über den Einsatz Ihrer Stärken in regelmäßigen Abständen Buch zu führen.

Persönliche Stärke	**Erfolgserlebnis**	**Datum**

7. Leben und Arbeiten statt Überleben und Überarbeiten

7.1 Denkanstöße

Ich bin nicht der Erste und ich werde nicht der Letzte sein, der Ihnen Tipps zum Überleben als Lehrperson, besonders im Referendariat, geben möchte. Überleben ist mir da allerdings zu wenig, gut leben und arbeiten sollte das Ziel sein – und ja: Ich bin davon überzeugt, dass man als Lehrperson gut leben und arbeiten kann, wenn man seine Gestaltungsspielräume und Stärken entdeckt hat und seine eigenen Bedürfnisse nicht aus dem Blick verliert.
Mit all den Jahren an (Berufs-)Erfahrung, die Sie bisher mitbringen, kann und will ich Sie keineswegs belehren. Sinn und Zweck dieses Kapitels ist es, Ihnen Denkanstöße zu geben, die Ihnen langfristig ein gutes, gesundes und ausgeglichenes Leben und Arbeiten als Lehrperson ermöglichen sollen.

Die folgenden Denkanstöße für Sie als Quereinsteiger kommen aus der Welt der IT, der Programmierer und Firmengründer. Übrigens: Empfehlen Sie dieses Kapitel auch gerne Kollegen, die sich festgefahren fühlen und die mit ihrem (Berufs-)Leben als Lehrer gerade unzufrieden sind.
Für alle, die im weitesten Sinne professionell mit Schule zu tun haben, kann dieses Experiment, provokante Thesen aus einem Business-Buch auf die Welt der Bildung zu übertragen, allein deshalb zu einer positiven Weiterentwicklung führen, weil am Ende Ihre Handlungs-, Entscheidungs- und Gestaltungsspielräume im Arbeitsumfeld Schule sichtbarer werden. Gerade weil die Autoren Fried und Heinemeier Hansson (2010) bekannt dafür sind, dass sie mit Erfolg oftmals genau das Gegenteil von dem umgesetzt haben, was *business as usual* war, kann das folgende konstruktive Gedankenexperiment sicher nicht schaden.

Wenn Sie sich bestätigt fühlen und herausfinden, dass das, was Sie tun, für Sie und die Menschen um Sie herum funktioniert, dann ist das wunderbar. Wenn Sie herausfinden, dass Schule und die Arbeit mit Schülern nichts für Sie ist, dann war und ist die Auseinandersetzung mit den folgenden Thesen ebenfalls ein wichtiger Schritt für Sie und in gewisser Hinsicht ein Erfolg.
Die Autoren Fried und Heinemeier Hansson stellen in ihrem Buch *Rework* (2010) eine Vielzahl anregender Thesen vor, von denen zunächst diese drei vor dem Hintergrund Ihres Quereinstiegs auf die Schule übertragen werden sollen:

- Ignore the real world
- Interruption is the enemy of productivity
- Go to sleep

Der Schulalltag ist voll von Unterbrechungen à la „Du, nur mal kurz …“, eine Konferenz jagt die nächste, Sie überbieten sich mit den Kollegen im Seminar in Sachen Perfektionismus, Prozesse und Verwaltungsvorgänge dauern gefühlt ewig, Ihre Kollegen und Sie opfern sich regelmäßig auf, damit der Laden läuft, Sie schlafen zu wenig und zu schlecht, nichts läuft so, wie Sie das wollten, Sie werden (gefühlt) nie mit irgendetwas fertig und Sie schieben Entscheidungen auf die lange Bank: Das ist eben der Schulalltag, werden viele sagen. Die Autoren sagen dazu Folgendes:
„The real world isn't a place, it's an excuse. It's justification for not trying. It has nothing to do with you.“ (Rework 2010, 14) Demnach ist die Aussage: „Das ist eben so“ aus Sicht der Autoren eine faule Rechtfertigung und Entschuldigung dafür, nichts (Neues) zu tun oder zu versuchen. Lassen Sie diesen Denkanstoß einmal sacken und überlegen Sie, wie Sie in solchen Situationen reagieren.

Hinsichtlich der oben genannten These „Ignore the real world“ schlage ich mit Bezug auf Schule vor, sich von einem grundsätzlichen Negativdenken, Pessimismus und Abstumpfung etc. abzugrenzen und sich damit auch bewusst von jenen Menschen abzugrenzen, die dieses Denken vertreten. So diplomatisch Sie da im Kollegium vorgehen müssen, so entschieden sollten Sie da jedoch für sich selbst sein.

Sie werden nur für einige Jahre Quereinsteiger sein, danach sind Sie ein Lehrer und das sollen Sie auch gesund, lange und mit Freude bleiben. Stellung zu beziehen und sich im Kollegium so abzugrenzen, dass nicht gerade Gleichgesinnte immer noch wertgeschätzt werden, ist eine Kunst, aber auch das ist möglich.

Ein weiteres wichtiges Thema ist die Beeinträchtigung der Produktivität durch Unterbrechungen und Störungen oder wie die Autoren Fried und Heinemeier Hansson sagen: „Interruption is the enemy of productivity“. Der Kern für mich ist hier, bewusst Grenzen zu setzen, sich geschützte Räume und Zeiten zu schaffen, die unterbrechungsfrei sind. Sollten Sie dadurch gelassener werden, ist es sehr wahrscheinlich, dass sich dies positiv auf Ihre Kollegen und auf Ihre Schüler auswirken wird.

Damit Ihre Schüler Sie nicht zum Einschlafen finden, ist es wichtig, dass Sie ausgeschlafen sind. Dabei geht es aber beim Thema ausgeschlafen sein um weitaus mehr. „Go to sleep“, so banal es klingen mag, so wichtig ist es für ein gesundes, erfülltes und für alle Beteiligten inspirierendes Lehrerleben, dass Sie einen Arbeitsrhythmus finden, der weder Sie noch Ihre Familie und/oder Partner permanent um einen gesunden Schlaf bringt. Es wird – wie überall, wo Menschen leidenschaftlich für ihre Berufe brennen – Zeiten geben, wo es einmal spät wird, weil es besonders viel vorzubereiten gibt. Aber das sollte die Ausnahme sein, nicht die Regel. Wach und ausgeschlafen fällt es leichter, seine eigenen Gestaltungsspielräume zu entdecken und diese auch wahrzunehmen. Ist Ihr gesunder Nachtschlaf gefährdet, schauen Sie dringend, wer Ihnen dabei helfen kann, sich Entlastung zu verschaffen, z. B. im Rahmen einer kollegialen Fallberatung.

7.2 Kollegiale Zusammenarbeit

Der Arbeitsplatz Schule ist ein hochgradig kooperativer Arbeitsort. Durch die gemeinsamen Modulprüfungen und durch gemeinsame Fort- und Weiterbildungen habe ich im Quereinstieg Kollegen kennengelernt, mit denen ich heute in einem Kollegium konstruktiv und vor allen Dingen gerne arbeite. Der Quereinstieg war hier ein guter Stresstest für ein kollegiales Miteinander selbst in extrem belastenden Situationen: Wir wissen also, wie wir ticken und dass wir uns aufeinander verlassen können. Versuchen Sie also auch hier zu gestalten und, wie es unsere Seminarleiterin Frau Wanjura-Hübner immer wieder empfohlen hat – an sie an dieser Stelle meinen ganz besonderen Dank –, durch das Bilden von Teams Ihre Schulen zu besseren Arbeitsplätzen zu machen.

Um auch nach der Beendigung der Quereinsteigerausbildung für die Berufseingangsphase (BEP) weiterhin die Möglichkeit nutzen zu können, mit- und voneinander zu lernen, sollte Ihr Ziel sein, langfristig von dem Netzwerk an Kollegen zu profitieren, das Sie sich in der Zeit des Quereinstiegs aufgebaut haben.

Es kann sehr hilfreich sein, kollegiale Unterrichtshospitationen im Schulalltag zu etablieren, um kontinuierlich von Rückmeldungen durch Kollegen zu profitieren. Auch im Rahmen des Team-Teachings können solche Rückmeldungen möglich sein.

Für Unterstützung in schwierigeren Fällen, z. B. mit besonders herausfordernden Schülern oder Eltern, eignet sich die kollegiale Fallberatung. Das Konzept ist niedrigschwellig ausgelegt und lässt sich leicht und unkompliziert mit einer kleinen Kollegengruppe durchführen. Ist die kollegiale Fallberatung Teil Ihrer Ausbildung? Bietet Ihre Schule eine solche an? Gibt es an Ihrem Einsatzort Fort- und Weiterbildungen zu dem Thema?
Der Einsatz der Beratungsmethode der kollegialen Fallberatung kann in allen Phasen des Quereinstiegs, in der Berufseingangsphase, aber auch perspektivisch in Ihrem gesamten Berufsleben sehr gewinnbringend sein. Mit der kollegialen Fallberatung werden Erlebtes und Belastungen professionell konstruktiv verarbeitet, alternative Handlungsoptionen entdeckt und eine lebendige und professionelle Kooperationskultur innerhalb des Kollegiums etabliert.

8. Ihre Lehrerrolle – Langfristiges Entwicklungsziel

8.1 Berufsbild und Lehrerrolle

Um ein professionelles Berufsbild aufzubauen und sich mit Ihrer persönlichen Vorstellung der Lehrerrolle auseinanderzusetzen, kann es hilfreich sein, eigene Vorbilder heranzuziehen. Da Sie selbst einmal Schüler waren, haben Sie sicherlich Lehrer kennengelernt, die Ihnen positiv in Erinnerung geblieben sind. Vielleicht haben Sie aber auch im Zuge Ihrer Quereinsteigerausbildung Lehrkräfte kennengelernt, die besonders vorbildhaft für Sie sind. Die folgenden Aufgaben sollen Ihnen Denkanstöße dazu geben.

		Woran machen Sie das konkret fest?
Welcher Lehrer ist besonders vorbildhaft für mich?		
Was sind mindestens drei positive Eigenschaften dieser Lehrperson?		
In welcher Situation hat mein Vorbild besonders inspirierend gehandelt?		

Füllen Sie den folgenden Abschnitt **zu Beginn** Ihrer Quereinsteigerausbildung aus.

Was macht für Sie eine richtige Lehrperson aus?

1.
2.
3.
4.
5.

Füllen Sie den folgenden Abschnitt nach dem **ersten Monat** in der Quereinsteigerausbildung aus.

Was macht für Sie eine richtige Lehrperson aus?

1.
2.
3.
4.
5.

Füllen Sie den folgenden Abschnitt **nach einem Jahr** in der Quereinsteigerausbildung aus.

Was macht für Sie eine richtige Lehrperson aus?

1.
2.
3.
4.
5.

Wie sind Sie zu den fünf Kriterien gekommen?
Welche Schlüsselerlebnisse haben Sie geprägt?

Mit diesem Bild von einer richtigen, vollwertigen Lehrperson gehen Sie nun in die Prüfungsphase.

Wie machen Sie Ihr Bild einer richtigen, vollwertigen Lehrperson für Ihre Prüfungen nutzbar?

Was macht laut Schulgesetz eine vollwertige Lehrperson aus?

Schauen Sie bitte in das für Sie gültige Schulgesetz und fassen Sie das Wichtigste unter Nennung des jeweiligen Paragrafen zusammen:

8.2 Haltung und Persönlichkeit als Lehrkraft

Von Anfang an – und auch das ist eine Besonderheit des Quereinstiegs – sehen Sie sich mit der Herausforderung konfrontiert, Ihre Lehrerpersönlichkeit und Ihre Lehrerhaltung unter Beweis stellen zu müssen.

Tipp: Das Thema Haltung ist ein sehr persönliches Thema. Entwickeln Sie also für sich konsequent Ihre persönliche Lehrerhaltung weiter, gemäß dem Leitspruch „lebenslanges Lernen“. Gehen Sie allerdings behutsam und diplomatisch mit dem Thema um, wenn es um Kollegen geht, gerade in Sachen Feedback. Wir konzentrieren uns hier auf das, was Sie verändern und gestalten können. Genaue Fremd- und Selbstbeobachtung beispielsweise sind erlernbar. Aktivwerden bedeutet, Handlungs- und Gestaltungsräume zu entdecken und nutzen zu lernen. Beides allerdings vereinbar mit Berufszufriedenheit und Ihrer Gesundheit!

Im Berliner Schulgesetz (GEW 2016) heißt es im Paragrafen § 1 Auftrag der Schule:

> „Auftrag der Schule ist es, alle wertvollen Anlagen der Schülerinnen und Schüler zur vollen Entfaltung zu bringen und ihnen ein Höchstmaß an Urteilskraft, gründliches Wissen und Können zu vermitteln.
>
> Ziel muss die Heranbildung von Persönlichkeiten sein, welche fähig sind, der Ideologie des Nationalsozialismus und allen anderen zur Gewaltherrschaft strebenden politischen Lehren entschieden entgegenzutreten sowie das staatliche und gesellschaftliche Leben auf der Grundlage der Demokratie, des Friedens, der Freiheit, der Menschenwürde, der Gleichstellung der Geschlechter und im Einklang mit Natur und Umwelt zu gestalten.“

Welche Haltung(en) sind hier gefragt?

Sind Ihre persönlichen Haltungen mit diesem Auszug aus dem Schulgesetz zu vereinbaren?

Welche Anforderungen an Ihre Haltung(en) stellt das für Sie gültige Schulgesetz an Sie?

„Teachers teach as they were taught, not as they were taught to teach." (Altmann 1983: 20) Welche Erinnerungen an Lehrer aus Ihrer eigenen Schulzeit fallen Ihnen dazu ein?

Welche Adjektive sollten, Ihrer Meinung nach, die Haltung eines Lehrers beschreiben?

Erstellen Sie eine Top-5-Liste während Ihrer ersten Hospitation:

1.
2.
3.
4.
5.

Erstellen Sie eine Top-5-Liste während der Präsenztage:

1.
2.
3.
4.
5.

Erstellen Sie eine Top-5-Liste nach vier Wochen als Lehrer:

1.
2.
3.
4.
5.

9. Hospitieren

9.1 Was zu beachten ist

Gerade zu Beginn Ihrer Quereinsteigerausbildung werden Sie (hoffentlich) neben Ihren selbstständig durchzuführenden Stunden auch die Gelegenheit erhalten, zu hospitieren. Zu hospitieren bedeutet, dass Sie in einem vorher festgelegten Zeitraum Unterricht von einem (oder mehreren) Kollegen besuchen, womit dieser einverstanden ist. Sie beobachten das Unterrichtsgeschehen und notieren nur das, was die beteiligten Personen tatsächlich tun, d.h., Sie interpretieren nicht. Alles, was für die Fremdbeobachtung gilt, gilt auch für Ihre Selbstbeobachtung im Rahmen der Unterrichtsvorbereitung.

Tipp: Geben Sie Kollegen, besonders am Anfang, nur Feedback, wenn Sie wirklich darum gebeten werden. Idealerweise ist eine Bitte um Feedback mit einer Bitte verbunden, auf ganz spezifische Aspekte des Unterrichts zu achten. Fragen Sie ruhig offen nach, auf welche Schwerpunkte Sie achten sollten. Es kann gut sein, dass der Kollege Ihnen dann sehr dankbar für eine strukturierte Rückmeldung sein wird.

Von all den Experten, die es um Sie herum gibt, können Sie sich erprobte Arbeitsweisen durch Hospitationen abschauen und professionell aneignen.
Versuchen Sie, von den Experten zu lernen. Kopieren ist erlaubt, vorausgesetzt, Sie passen Inhalte, Unterrichtsentwürfe, Methoden etc. konsequent und professionell auf Ihre Lerngruppe an. Um Ihr professionelles Wissen rund um den Lehrerberuf aufzubauen, brauchen Sie Zeit und Raum für Hospitationen. Obwohl diese (leider) für Quereinsteiger oft nicht vorgesehen sind, sollten Sie gerade am Anfang versuchen, Hospitationen bei Experten zu bekommen. Sprechen Sie dieses Thema behutsam in der Schule an. Sollte sich das nicht ermöglichen lassen, thematisieren Sie dies im für Ihre Ausbildung zuständigen Seminar: Ihre Ausbildung ist entscheidend! Konzentrieren Sie sich bei den Hospitationen ausschließlich auf das, was Sie tatsächlich sehen, und auf das, was die beteiligten Personen tatsächlich tun. Nur so trainieren Sie objektives Beobachten – eine Fähigkeit, die Ihnen auch später bei Ihren Schülern nützlich ist, um Verhaltensweisen und Entwicklungsstände objektiv zu betrachten und schließlich auch bewerten zu können.

Tipp: Machen Sie sich Notizen. Und es gilt: Weniger ist mehr. Konzentrieren Sie sich auf wenige Beobachtungsschwerpunkte, gerade wenn Sie zum ersten Mal hospitieren. Das schult den Blick und liefert mehr Ergebnisse.

9.2 Der erste Hospitationstag

Unterschätzen Sie nicht Ihren ersten Hospitationstag. Frühstücken Sie gut und tragen Sie Kleidung, in der Sie sich wohlfühlen. Der erste Hospitationstag ist voller Eindrücke, anstrengend und, wenn Sie bisher nicht mit Kindern gearbeitet haben, ungewohnt laut.

Grundsätzlich ist Ihre Rolle während der Hospitation eine beobachtende. Um Verstimmungen und Missverständnisse in einem für Sie neuen Arbeitsumfeld zu vermeiden, kann es hilfreich sein, mit dem Kollegen, bei dem Sie hospitieren, vorab zu klären, ob es in Ordnung ist, wenn Sie sich während des Unterrichts im Klassenraum bewegen. Gibt es einzelne Schüler, auf die Sie besonders achten sollen?

Tipp: Verfeinern Sie Ihre Beobachtungen, indem Sie sich gezielt auf einzelne Aspekte des Unterrichts konzentrieren.

Folgende Leitfragen können Ihnen eine Stütze bei der Unterrichtsbeobachtung sein:

Welche Impulse gibt die Lehrperson?	
Welche Aufgaben formuliert die Lehrperson?	
Welche Regeln gelten im Unterricht?	
Welche Rituale sind für Sie erkennbar?	
Wann findet Frontalunterricht statt?	
Wann findet Einzelarbeit statt?	
Wann findet Partnerarbeit statt?	

Wann findet Gruppenarbeit statt?	
Was ist die für Sie erkennbare Funktion der verschiedenen Arbeitsphasen?	
Wann findet ein Klassengespräch statt?	
Wann bekommt die Lerngruppe Gelegenheit, ihre Ergebnisse zu präsentieren?	

Bitten Sie nach Möglichkeit nach der Hospitation um ein Reflexionsgespräch, um Ihre Eindrücke mit dem Verantwortlichen vor Ort besprechen zu können.

9.3 Nachbereitung der Unterrichtshospitationen

Auch die Nachbereitung ist wichtig. Notieren Sie nach der Hospitation Ihre spontanen Eindrücke.

	Notizen:
Hospitationszeitraum:	
Schule:	
Klasse:	
Mit meiner Ansprechperson konnte ich über den Hospitationstag reden:	
Nach dem Hospitationstag fühle ich mich …	
Das eindrücklichste Erlebnis heute war …	
Das war mein persönliches Highlight:	

Diese Elemente des beobachteten Unterrichts würde ich auch in meinen Unterricht übernehmen, weil …	
Das hat mich in meiner Entscheidung, Lehrer zu werden, bestärkt:	
Das hat mich überrascht:	
Das hat mich stutzig gemacht, hier besteht Klärungsbedarf:	
Dieser Lehrer hat mich inspiriert, weil …	
Folgende Unterrichtsstunden fand ich inspirierend, weil …	
So würde ich auch mein Klassenzimmer einrichten:	
Dieses Material würde ich auch benutzen …	

Tipp: Was Sie nach einem Hospitationstag nachdenklich macht, kann vieles sein – Verhaltensweisen von Schülern, Verhaltensweisen von Kollegen, das Verhalten von Erziehungsberechtigten, Unterrichtssequenzen, Regeln oder Rituale. Wichtig ist, dass Sie lernen, nach Möglichkeit nichts ungeklärt mit nach Hause zu nehmen. Das scheint und ist nicht immer möglich, die Zeit im Schulalltag ist knapp. Klärung ist in jedem Falle wichtig, es staut sich so weniger an, Stress wird vermieden. Wenn es direkt am gleichen Tag nicht möglich sein sollte, verschaffen Sie sich durch ein klärendes Gespräch am nächsten Tag Erleichterung und Klarheit.

9.4 Regeln und Rituale

Gerade Regeln und Rituale sind im Unterricht sehr elementar und sie zu beobachten, ist sehr interessant und kann Ihnen für Ihren eigenen Unterricht sehr nützlich sein.
Nutzen Sie den folgenden Beobachtungsbogen, um sich während Ihrer Hospitation Notizen zu machen.

Tipp: Bleiben Sie bei Ihren konkreten Beobachtungen und bei beobachtbaren Fakten. Beispiel: „Ich habe beobachtet, dass die Schüler beim Abspielen des ABC-Liedes selbstständig in den Sitzkreis vor der Tafel kommen." Vielleicht ist Ihnen die Funktion einer bestimmten Handlung sofort klar, andere sind nicht so offensichtlich und können Ihnen von der Lehrkraft erklärt werden, sodass Sie die Unterrichtsgeschehnisse nachvollziehen und für sich reflektieren können.

Regeln	Welche Regeln gelten an der Schule? *Tipp:* Lassen Sie sich die Regeln zeigen oder/und ausgedruckt geben.	
	Welche besonderen Regeln gelten in der Klasse / Lerngruppe?	
	Beobachtung: Die Lehrperson hält sich selbst an die Regeln und setzt die Einhaltung der Regeln konsequent durch.	
	Eigene Theorie / Definition: Regeln im Schulalltag dienen …	
	Diese Regeln würde ich gern in meinem eigenen Unterricht anwenden, weil …	
	Diese Regeln würde ich nicht in meinem eigenen Unterricht anwenden, weil …	
Rituale	Welche offensichtlich wiederkehrenden Rituale gibt es im Schulalltag?	

	Welche offensichtlich wiederkehrenden besonderen Rituale gibt es in der Klasse / Lerngruppe?	
	Beobachtung: Die Lehrperson setzt Rituale im eigenen Unterricht ein.	
	Eigene Theorie / Definition: Rituale im Schulalltag dienen …	
	Diese Rituale würde ich gern in meinem eigenen Unterricht anwenden, weil …	
	Diese Rituale würde ich nicht in meinem eigenen Unterricht anwenden, weil …	

10. Unterricht und Unterrichten

10.1 Grundbegriffe und Grundkonzepte

Durch eine gezielte Beobachtung und Ihre Präsenz an Ihrem Einsatzort werden Sie in der Lage sein, Arbeitsdefinitionen der wichtigsten Grundbegriffe und -konzepte in Eigenregie zu erstellen. Als Quereinsteiger definieren Sie wesentliche Fachbegriffe zunächst selbst und zu unterschiedlichen Zeitpunkten.

Sammeln Sie die Definitionen, die Ihnen im Laufe der Ausbildung zu den folgenden Grundbegriffen begegnen:

Begriff	Vor der ersten Hospitation	Zu Beginn des Studiums	Zu Beginn des Vorbereitungsdienstes	Am Ende des Vorbereitungsdienstes
Unterricht				
Aufgabe				
Projektunterricht				
Unterrichtsstörung				
Methode				
Sozialform				
Curriculum				
Inklusion				

10.2 Handlungsorientierung, Begreifbar und Erfahrbar: Das EIS-Prinzip

Handlungsorientierung spielt im Grundschulunterricht eine tragende Rolle. Hier bietet das EIS-Prinzip, grundlegend besonders für den Mathematikunterricht, eine gute Orientierung:

- Enaktiv
- Ikonisch
- Symbolisch

Damit ist gemeint, dass es aus didaktischer Sicht sinnvoll ist, einen Lerngegenstand in diesen drei Darstellungsebenen aufzubereiten. Nehmen wir ein Beispiel aus dem Mathematikunterricht zum Thema „Zeiten". Konkret kann das heißen, dass Sie Lernuhren zur Verfügung stellen. Die Schüler bewegen die Uhrzeiger, Sie nennen durch Satzmuster unterstützt die Uhrzeiten, sollten diese noch nicht bekannt sein. Anschließend zeichnen die Schüler Uhrzeiten in Blanko-Ziffernblätter ein. Zum Schluss werden die Uhrzeiten in Ziffernschreibweise notiert. Da wir in der Alltagssprache ständig von einer Viertelstunde usw. reden, können Sie so auch hervorragend in das Thema Brüche einsteigen.
Noch grundsätzlicher ist das EIS-Prinzip sichtbar, wenn es um Mengen geht. Lassen Sie die Schüler so oft es geht zählen, wenn es auch wirklich für sie bedeutungsvoll ist, sei es ritualisiert die Anzahl der Schüler jeden Morgen oder die Menge der Kastanien, die sie für den Sachunterricht gemeinsam gesammelt haben. Halten Sie die Menge in einer Strichliste fest, anschließend dann als Zahl.

Eignen Sie sich diese Grobstruktur für die Gestaltung Ihres Unterrichts an und versetzen Sie sich dabei immer wieder in die Schülerperspektive: Welches Material und welche Gegenstände machen ein Themenfeld im wahrsten Sinne des Wortes begreifbar und erfahrbar?

Selbstverständlich ist auch hier ein aufgeklärter Umgang angebracht. Manche Themenfelder lassen sich mehr, manche weniger enaktiv erfahren.

Tipp: Sie müssen weder das gesamte didaktische noch methodische Wissen und Handwerkszeug auf einmal und in den ersten Wochen und Monaten erwerben. Ein Lehramtsstudium ist in dieser Form nicht komprimiert nachholbar, das darf und soll es auch nicht sein. Hier liegt allerdings die große Stärke des berufsbegleitenden Vorbereitungsdienstes: Durch die kontinuierliche, professionelle Ausbildung entwickeln Sie Ihre Lehrerrolle aus der Praxis heraus.

10.3 Die zehn Merkmale guten Unterrichts

Stellen Sie sich darauf ein, dass Sie im Quereinstieg von Anfang an viele Unterrichtsstunden selbst planen und durchführen werden. Ein Ziel hierbei soll es sein, dass Sie sich grundsätzlich als Planer und Manager in einer aktiven Rolle wiederfinden. Wie kann das funktionieren?
Stellen Sie sich dazu zunächst Folgendes vor: Konzentrieren Sie sich auf einen spannenden, aktivierenden, motivierenden Unterrichtseinstieg. Dafür erstellen Sie nach reiflicher Überlegung ein Tafelbild, was die Schüler anspricht. Der Grundstein für die Erarbeitung eines Themas ist gelegt, Sie können auf diesem Erfolgserlebnis aufbauen. Sie nehmen diese Erfolgserfahrung und planen weitere Einstiege. Damit dies gelingt, bedarf es der strukturierten, kriteriengeleiteten Nachbereitung: Warum hat mein Einstieg funktioniert?

Hier helfen Ihnen die „Zehn Merkmale guten Unterrichts“ (Meyer 2015: 227-229). Durch die direkte Anwendung in der Fremd- und Selbstbeobachtung werden die Merkmale für Sie schnell für die eigene Unterrichtsplanung anwendbar.

Im Folgenden lesen Sie, was mit den zehn Merkmalen guten Unterrichts gemeint ist (vgl. Meyer 2015: 227-229):

1. Klare Strukturierung des Unterrichts

- erkennbare Struktur: ein „roter Faden“ ist erkennbar
- sinnvolle Unterrichtsschritte
- Zielklarheit
- klare Aufgabenstellung
- konsequentes Handeln
- Rollenklarheit
- Absprache von Regeln, Ritualen und Freiräumen

2. Hoher Anteil echter Lernzeit

- gutes Zeitmanagement, Pünktlichkeit
- gute Vorbereitung
- Entlastung durch Routinen
- Auslagerung von Zeitdieben
- Rhythmisierung des Unterrichtsablaufs
- Konzentrationsübungen

3. Lernförderliches Klima

- gegenseitiger Respekt
- verlässlich eingehaltene Regeln
- Verantwortungsübernahme, Gerechtigkeit und Fürsorge
- Stärkung des Könnensbewusstseins

4. Inhaltliche Klarheit

- Verständlichkeit der Aufgabenstellung
- Programmübersicht
- plausibles Vorgehen
- Vernetzung mit dem Vorwissen
- passendes Anspruchsniveau
- Klarheit und Verbindlichkeit der Ergebnissicherung

5. Sinnstiftendes Kommunizieren

- Planungsbeteiligung
- Gesprächskultur: keiner sollte Angst haben, sich zu äußern
- Lerntagebücher
- Schülerfeedback

6. Methodenvielfalt

- Vielfalt der Sozialformen und Methoden

7. Individuelles Fördern

- Freiräume, Geduld und Zeit
- innere Differenzierung
- Lerndiagnostik und abgestimmte Förderpläne
- besondere Förderung von Begabungen und Interessen

8. Intelligentes Üben

- passgenaue Übungsaufträge, gezielte Hilfestellungen und angemessene Rahmenbedingungen
- Übungserfolge: sichtbar und bedeutungsvoll
- angemessene Verteilung und Abwechselung, beispielsweise von Übungsformen, aber auch von Übungs- und Ruhephasen
- Kontrolle und Bestätigung
- Bewusstmachen von Lernstrategien: nehmen Sie sich die Zeit, die Lernstrategien Ihrer Schüler kennenzulernen!

9. Transparente Leistungserwartungen

- ein an den Richtlinien oder Bildungsstandards orientiertes, dem Leistungsvermögen der Schüler entsprechendes Lernangebot
- zügige, förderorientierte Rückmeldungen zum Lernfortschritt

10. Vorbereitete Umgebung

- gute Ordnung
- funktionale Einrichtung
- brauchbares Lernwerkzeug

So ‚Mainstream' wie die zehn Merkmale nach Meyer mittlerweile sind, ist die Chance, diesen in der Kooperation mit Ihren Kollegen, in den Studien oder im Vorbereitungsdienst zu begegnen, durchaus hoch. Sie sind durchaus kontrovers und für manche Kollegen vielleicht sogar ein rotes Tuch. Die Chance besteht, dass heiße Debatten darüber geführt werden können, was denn nun guter Unterricht ist. Die zehn Merkmale sind eine dringende Einladung an Sie, Ihren guten Unterricht nach den entsprechenden Kriterien denken und planen, aber auch begründen zu können. Auch hier wird sich sicher mit der Zeit für Sie eine Routine einstellen. Auf einen guten Start ins Unterrichten also!

10.4 Unterrichtsreflexion

Die ersten Male vor einer Klasse zu stehen und selbst geplanten Unterricht zu halten ist etwas Besonderes. Halten Sie Ihre Eindrücke fest.

		Begründung:
Damit habe ich mich besonders wohlgefühlt:		
Das hat gut geklappt:		
Folgende Tipps / Ratschläge waren besonders hilfreich für mich:		
Ich möchte mehr über folgende Methoden, Themen etc. wissen:		
Welcher Beobachtungsschwerpunkt in Bezug auf meine Lerngruppe ist derzeit für mich besonders bedeutsam?		

11. Erfolgreicher Methodeneinsatz

11.1 Ein eigenes Methodenrepertoire entwickeln

Der Quereinstieg ist kein Dauerzustand, im Gegenteil, Sie werden, abhängig von Ihren Voraussetzungen und den Vorgaben des jeweiligen Bundeslandes, zu gegebener Zeit Ihre Staatsprüfung ablegen und somit, wie übrigens jeder herkömmliche Referendar, eine voll ausgebildete, examinierte Lehrkraft sein. Woran erkennen Sie aber z. B. schon bei einer Hospitation eine erfolgreiche Lehrkraft?

Ein guter Unterrichtseinstieg, der Sie und die Schüler mitreißt, ist ein Erfolgserlebnis am Anfang einer Stunde oder Einheit. Darauf können Sie aufbauen: Variieren Sie diesen Einstieg, verfeinern Sie Ihr Erfolgserlebnis. Bauen Sie auf das auf, was funktioniert hat, auch wenn das erst einmal nur ein Element einer Stunde war, ein Impuls, der gut geklappt hat.

Im berufsbegleitenden Vorbereitungsdienst haben Sie aufgrund der hohen Zahl an Stunden, die Sie unterrichten, viele Chancen, auf diese Erfolge aufzubauen.

Auch das ist also ein Plädoyer dafür, die Stärken der Quereinsteiger zu betonen, konsequent und besonders ganz am Anfang, wenn sich Schule wie ein verwirrendes, chaotisches Wimmelbild anfühlt. Erfolgserlebnisse werden Ihre Anker.

Eine Methode soll Ihnen dabei helfen, einzelne Schüler oder eine Lerngruppe in Sachen Lernzuwachs einen Schritt weiterzubringen. Für diese Arbeitsdefinition ist das Lernen von Faktenwissen genauso gemeint wie das Erlernen von Kompetenzen.

Natürlich möchten Sie verhindern, was Methoden angeht, zu lange im Trüben zu fischen und zu viele demotivierende, frustrierende Fehler machen. Nutzen Sie die folgenden Punkte als Anleitung zum Umgang mit einer für Sie neuen Methode:

1. Suchen Sie sich anfangs Methoden aus, die intuitiv zu Ihnen passen.
2. Bereiten Sie den Einsatz der jeweiligen Methode gerade bei der ersten Nutzung, bei der Premiere akribisch vor.
3. Schreiben Sie sich das auf, was Sie vor den Schülern sagen wollen, z. B. indem Sie Moderationskarten schreiben.
4. Nutzen Sie die Portfolioseiten zur Reflexion und zur Optimierung.
5. Setzen Sie die Methode erneut ein.

Ziel ist ein kleines, aber feines Methodenrepertoire, mit dem Sie sich wohlfühlen. Achten Sie beim Hospitieren besonders darauf, welche Wohlfühlmethoden ein Kollege benutzt, und passen Sie die Methode professionell auf sich an. Wenn Sie feststellen, dass Sie Ihre Lerngruppe oder einzelne Schüler tatsächlich mit der gewählten Methode erreichen, haben Sie einen wichtigen Erfolg zu verbuchen!

Tipp: Am Anfang gilt: Eine Methode = ein Inhalt. Um fokussiert mit meiner Lerngruppe und/oder einzelnen Schülern arbeiten zu können, arbeiten Sie einen konkreten Inhalt professionell auf und wählen eine passende Methode aus, um der Lerngruppe den nächsten Lernschritt zu ermöglichen.

Folgende Fragen können Sie dabei unterstützen, Ihre Methodenwahl zu reflektieren:

Welchen Inhalt möchte ich vermitteln?	
Ist die gewählte Methode für die Vermittlung des Lerninhalts geeignet?	
Habe ich meine Schüler mit der ausgewählten Methode einen Lernschritt weiterbringen können?	
Wenn ja, an welchem Ergebnis kann ich sehen, dass die Schüler durch den Einsatz der von mir ausgewählten Methode einen Lernschritt weitergekommen ist?	
Wie haben die Schüler beim 1., 2., 3. … Einsatz auf die Methode reagiert?	
Fühlen Sie sich mit dem Einsatz der Methode wohl?	
Können Sie sagen, warum Sie sich mit dieser Methode (nicht) wohlfühlen?	

12. Elternarbeit

12.1 Was schulische Elternarbeit bedeutet

Vom ersten Elternabend bis zum ersten Krisengespräch, über eine Rückmeldung im Hausaufgabenheft bis zu einem Tür-und-Angel-Gespräch: Mit Elternarbeit ist die gesamte Kommunikation und Kooperation mit den Erziehungsberechtigten Ihrer Schüler gemeint. Das Ziel von Elternarbeit sollte für Sie immer Kooperation sein. So wird im Idealfall die Arbeit mit der Klasse für Sie als Lehrperson einfacher, z. B. indem Sie feststellen, dass es Erziehungsberechtigte gibt, die gerne Ausflüge begleiten können, was auch das Kollegium als Ganzes entlastet, oder dass Sie Betriebe, in denen Erziehungsberechtigte arbeiten, als außerschulische Lernorte nutzen können. Als Quereinsteiger werden Sie schon während Ihrer berufsbegleitenden Studien oder während Ihres berufsbegleitenden Referendariats mit dem Thema Elternarbeit konfrontiert werden, und das täglich.

Dass es relativ viel Zeit braucht, die Erziehungsberechtigten individuell kennenzulernen, ist ein Fakt. Beachten Sie: Diese Zeit investieren Sie am Anfang eines Schuljahres oder Halbjahres, im besten Falle zu Beginn einer mehrjährigen Zusammenarbeit. Ziel ist es ja, durch diese Zeitinvestition ein kooperatives Arbeitsbündnis aufzubauen, sodass aus einem eventuellen Gegeneinander echte Kooperation wird.

12.2 Elterngespräche führen

Gespräche mit Eltern können weniger formell sein, aber dennoch ein Ziel verfolgen, z. B. sich einen generellen Eindruck von der häuslichen Situation eines Schülers zu verschaffen.
Formell ist ein Gespräch schon dann, wenn es sich um eine konkrete Problemlösung oder Konfliktlösung handelt (vgl. Schulgesetz Berlin §62, GEW Berlin 2016). Solche Gespräche sollten möglichst professionell und mit dem Fokus auf ein Ziel geführt werden. Dafür eignet sich das SMART-Modell von Krogerus & Tschäppeler (2012: 20 f.):

Specific = **s**pezifisch
Measurable = **m**essbar
Attainable = **e**rreichbar
Realistic = **r**ealistisch
Time phased = **t**erminiert

Auch wenn in der Übersetzung aus SMART SMERT wird, stellen Sie sich die Frage, ob das für ein gemeinsames Ziel zutrifft. Zur Verdeutlichung ein Beispiel:

Sie einigen sich, ganz im Sinne des Kooperationsgedankens, auf ein gemeinsames, spezifisches Ziel, z. B., dass der Schüler immer ein Hausaufgabenheft für die gemeinsame Kommunikation dabeihat. Alle Beteiligten können das leicht überprüfen. Seien Sie behutsam, wenn es darum geht, ob das Ziel erreichbar ist. Es kann schließlich sein, dass genau hier der Haken ist und selbst eine vermeintliche Selbstverständlichkeit, wie eben die Besorgung eines Hausaufgabenheftes, unter den gegebenen Umständen problematisch ist. So kann ein Austausch darüber, wie erreichbar ein Ziel ist, sehr aufschlussreich sein. Bei der Frage, ob ein Ziel realistisch ist, erörtere ich gerne Faktoren, die ein Gelingen realistisch machen. Probieren Sie das auch einmal aus. Mit Bezug auf das Hausaufgabenheft kann das so aussehen: Gelingt der Einkauf? Wenn ja, wann?

Tipp: Machen Sie auch immer transparent klar, wer bei einem Gespräch anwesend sein wird, damit sich jeder gut vorbereiten kann und sich niemand überrumpelt fühlt.

12.3 Gestaltungsspielraum Elternarbeit: Machen Sie den ersten Schritt

Machen Sie den ersten Schritt, indem Sie die Eltern zu einem Kennenlerngespräch einladen, bevor es ein Problem, einen Zwischenfall oder eine Krise gibt. Die Rollen sind klar: Sie sind für Unterricht und Erziehung in der Schule zuständig, die Eltern sind dafür (zumindest für Letzteres) außerschulisch verantwortlich.

Entscheidend für eine erfolgreiche Zusammenarbeit mit den Eltern oder Erziehungsberechtigten der Schüler ist eine wertschätzende Kommunikation auf Augenhöhe. Das kann gelingen, indem Sie sich kennenlernen, bevor es Probleme gibt, am besten im Rahmen eines von beiden Seiten unvoreingenommenen „nullten" Elternabends und bei „nullten" Elterngesprächen. Für die Zusammenarbeit mit den Eltern ist es wichtig, dass Sie auf diese Art einen „Faden des Vertrauens" knüpfen (Eva Schmoll).

Gespräche, die Sie als Lehrperson führen, sollten immer ein Ergebnis haben. Denken Sie immer daran, dass Sie in der Rolle der Lehrperson stecken und selbst ein schönes, entspanntes und vor allem zielführendes Gespräch führen möchten, dass Sie, die Schüler und die Erziehungsberechtigten weiterbringen sollte. Gerade wenn Sie mit vielen Eltern sprechen, kann es hilfreich sein, sich nach einem Gespräch ein paar Notizen zu machen, damit Sie nichts durcheinanderbringen und bei Bedarf noch einmal nachschauen können, worüber Sie gesprochen haben.

12.4 Das erste Kennenlernen

Besonders gute Erfahrungen habe ich mit offener Direktheit gemacht, wenn es darum ging, einen Termin mit den Erziehungsberechtigten zu vereinbaren. Mein Satz war: „Ich bin der neue Klassenlehrer Ihres Kindes und ich möchte Sie gerne kennenlernen." Lassen auch Sie sich davon überraschen, wie positiv das von vielen Eltern aufgenommen wird. Stellen Sie sich darauf ein, dass es einerseits Eltern gibt, die Sie zu sich nach Hause einladen werden. Andererseits werden Sie es auch mit Eltern zu tun haben, die nicht möchten, dass Sie zu ihnen nach Hause kommen, und nur äußerst selten von Ihnen angebotene Termine wie Elternabende oder Elternsprechtage wahrnehmen. Hier kann die Zusammenarbeit etwas schwieriger werden und in manchen Fällen äußerst herausfordernd sein. Lassen Sie sich davon nicht abschrecken. Sie können sich auch hier immer an erfahrene Kollegen wenden, die Ihnen Unterstützung und Tipps geben können.

Tipp: Beziehen Sie die Stärken der Erziehungsberechtigten mit ein. Kennen Sie nicht nur die Stärken des Kindes, sondern erkundigen Sie sich auch danach, was die Erziehungsberechtigten gut können. Elternabende, Ausflüge und der schulische Alltag können und sollen von den Stärken der Erziehungsberechtigten profitieren. Natürlich sollte ein außerordentliches Engagement von Eltern stets auf Freiwilligkeit beruhen.

Meine bisherigen Kennenlerngespräche, sei es im Rahmen eines nullten Elternabends, zu Hause in den Familien oder in der Schule, hatten alle eines gemeinsam: Die Erziehungsberechtigten haben in diesem Rahmen von sich aus über die Stärken, aber auch offen über Förderbedarfe und Probleme ihres Kindes gesprochen. Klar war: Ich als Lehrperson möchte mit ihnen – und nicht gegen sie – ihrem Kind einen möglichst guten Start in die schulische Ausbildung ermöglichen.

Tipp: Loben Sie ausreichend! Rufen Sie gerade an einem Freitag nach einer stressigen Woche einmal zwei oder drei Erziehungsberechtigte an und teilen Sie ihnen mit, was bei ihren Kindern in der Woche so richtig gut geklappt hat. Eine berechtigte, ehrliche Würdigung der Ergebnisse zum Wochenende macht das Schulleben für alle etwas leichter und freudvoller.

Wenn Sie die Punkte der folgenden Checkliste mit Ja beantworten können, haben Sie bereits eine gute Grundlage für eine erfolgreiche Zusammenarbeit mit den Eltern geschaffen:

- Ich habe eine Liste mit den aktuellen Kontaktdaten aller Erziehungsberechtigten.
- Ich biete den Erziehungsberechtigten ein Kennenlerngespräch an.
- Ich zeige Interesse an den Interessen der Kinder und an denen der Erziehungsberechtigten.
- Ich erhalte einen Eindruck in die familiäre Situation.
- Ich habe einen Überblick über die Stärken der Erziehungsberechtigten.

Klar, als Quereinsteiger sind Sie zunächst erst einmal „der Neue" – und um da Vertrauen und eine möglichst kooperative Atmosphäre zu schaffen, kann ein gemeinsamer Elternnachmittag zusammen mit den Schülern die Weichen für eine gute Zusammenarbeit stellen. Bei einem solchen gemeinsamen Nachmittag können, wenn Sie schon ein paar Wochen in der Klasse sind, erste Arbeitsergebnisse der Schüler präsentiert werden. Die Erziehungsberechtigten werden dadurch aktiv eingebunden und Lerninhalte und Unterrichtsgeschehnisse werden transparent.

13. Kommunikation

13.1 Auf Bedürfnisse eingehen: Gewaltfreie Kommunikation (GfK) nach Rosenberg

Sie bringen aus Ihrer bisherigen Berufspraxis schon erprobte Kommunikationsstrategien mit. Um jedoch im Arbeitsumfeld Schule möglichst jederzeit angemessen professionell kommunizieren zu können, eignet sich eine Auseinandersetzung mit dem Konzept der Gewaltfreien Kommunikation (GfK).
Die GfK, die auf Rosenberg (2015) zurückgeht, und die an die GfK angelehnte Grundhaltung werden eingeführt, um Sie als Quereinsteiger in die Lage zu versetzen, auf die eigenen Bedürfnisse und Wünsche in der herausfordernden ersten Zeit des Quereinstiegs so einzugehen, dass Sie gesund bleiben. Sie können lernen, anderen Beteiligten konstruktiv und professionell zuzuhören und Klarheit in Ihrem Umfeld durch Kommunikation zu schaffen. Ebenfalls aus der GfK stammt die Idee, neutral und wertfrei Verhaltensweisen Anderer zu beobachten.
Eine erarbeitete professionelle Kommunikation lebt von der Übung und wird durch einen aufgeklärten Umgang für Sie im Schulalltag anwendbar. Die GfK ist also Übungssache. Wie auch für die Unterrichtsentwürfe Anderer gilt: Eine gründliche Anpassung auf die eigene Situation ist Pflicht.

Die Gewaltfreie Kommunikation stelle ich auch deshalb hier vor, weil ich mit dem Konzept als Haltung und Denkanstoß, danach erst als tatsächliche Anleitung zur Kommunikation, viele positive Erfahrungen gemacht habe. Meine Erfahrungen beziehen sich dabei auf die Kommunikation mit Kollegen, Erziehungsberechtigten und Schülern genauso wie auf die Auseinandersetzung mit meinen eigenen Bedürfnissen, von denen in der GfK immer wieder die Rede ist.

Genau diese Auseinandersetzung mit der GfK, besonders mit dem Stellenwert von Bedürfnissen, ist der Grund, warum ich sie als einen roten Faden durch Ihren Quereinstieg vorschlage.

Zunächst einmal aber bitte ich Sie, sich Gedanken über Ihre eigenen Bedürfnisse und die Ihrer Schüler zu machen. Hier geht es darum, auch scheinbar triviale Bedürfnisse, wie etwa das Bedürfnis nach Ruhe etc., festzuhalten und ihnen einen Namen zu geben, damit es leichter wird, sie zu kommunizieren. Dafür dient die folgende Liste:

Erstellen Sie eine Top-10-Liste Ihrer wichtigsten „grundlegenden Bedürfnisse“ als Quereinsteiger:

1.
2.
3.
4.
5.
6.
7.
8.
9.
10.

Erstellen Sie eine Top-10-Liste der wichtigsten „grundlegenden Bedürfnisse“ Ihrer Schüler:

1.
2.
3.
4.
5.
6.
7.
8.
9.
10.

13.2 Wolfssprache und Giraffensprache

Um zu verdeutlichen, dass Kommunikation verbinden und guttun oder trennen und verletzen kann, hat Rosenberg die Metaphern Giraffensprache und Wolfssprache eingeführt (vgl. BzgA 2018; Rosenberg 2015). Ob Sie tatsächlich mit den entsprechenden Handpuppen arbeiten – frei zugängliche Videobeispiele findet man dazu im Netz – oder nicht: Machen Sie sich mit der Giraffen- und Wolfssprache alleine schon deshalb vertraut, weil Sie so lernen können, einen roten Faden der Kommunikation von Klasse 1 bis 4 (oder 6) in Ihren Unterricht zu integrieren, der über Sprache (vgl. BzgA 2018: 48 f.) ein Verständnis füreinander und einen friedlichen Umgang miteinander ermöglichen kann.

Folgende Ziele werden so erreichbar:

Alle Beteiligten

- lernen, verschiedene Interessenlagen wahrzunehmen, auch bei Konflikten, in die man selbst einbezogen ist.
- lernen, Beobachtung von Bewertung zu trennen.
- erfahren, wie man Gefühle und Bedürfnisse ausdrückt, ohne zu kritisieren, zu verurteilen oder anzuklagen.
- lernen, eigene Anliegen zu formulieren, ohne zu manipulieren, unter Druck zu setzen oder zu drohen.
- lernen, die Fähigkeit zu fördern, unausgesprochene Gefühle und Bedürfnisse hinter aggressiven und feindseligen Äußerungen wahrzunehmen.

(vgl. BzgA 2018: 44)

Auch hier gilt: Eignen Sie sich die für Sie funktionierenden Aspekte der Giraffen- und Wolfssprache an, indem Sie die für sich funktionierenden Elemente proben, ausprobieren und reflektieren. Was funktioniert, übernehmen Sie.

Die Wolfssprache ist dadurch gekennzeichnet, dass sie

- Andere verletzt,
- Andere schlecht dastehen lässt,
- Andere unter Druck setzt,
- Andere in einen Streit verwickelt und
- Andere in eine körperlich gewaltvolle Auseinandersetzung verwickeln kann

(vgl. BzgA 2018: 44 f.).

Sie sollten sich schon deshalb mit dieser Art von Sprache beschäftigen, weil Sie eine Sensibilität für diese Art der verbalen Gewalt langfristig dazu in die Lage versetzt,

- auf Streitigkeiten professioneller zu reagieren, sie wirklich zu erkennen,
- Anzeichen von Mobbing frühzeitig zu erkennen und
- durch rechtzeitiges Eingreifen gewaltvolle Streitigkeiten erkennen zu können.

Die Giraffensprache soll dazu dienen,

- sich Anderen mitzuteilen,
- seine Wünsche, Bitten und Bedürfnisse auszudrücken, ohne zu beleidigen, und
- dabei bei sich und seinen Gefühlen zu bleiben (vgl. BzgA 2018: 52 f.).

Sprache – dazu bedarf es eines Wortschatzes. Je nach der Zusammensetzung Ihrer Lerngruppe ist es unabdingbar, dass Sie den Wortschatz für Gefühle, Bedürfnisse und Wünsche erst einführen.
Finden Sie zwei Kinder- und/oder Bilderbücher für die Klassen 1–3 und
zwei Kinder- und/oder Jugendromane für die Klassen 4 bzw. 4–6,
die Sie bei der Etablierung dieses Wortschatzes mit Text und Bild literarisch und künstlerisch unterstützen.

1. ______________________________

2. ______________________________

3. ______________________________

4. ______________________________

Achtung, es könnte in der Praxis schneller funktionieren, als gedacht! Ich habe in einer 4. Klasse einmal den Aspekt der GfK eingeführt, der dazu führen sollte, klar und deutlich zu äußern, was man braucht. Das kann Ruhe, frische Luft, etwas zu trinken etc. sein. Eigentlich sollte das als Bitte formuliert werden. Besonders ein tendenziell bis zu diesem Zeitpunkt sehr zurückhaltender Schüler folgte den Ausführungen und Übungen sehr aufmerksam. Am nächsten Tag wurde es in einer ruhigen Übungsphase hinter ihm laut, er drehte sich um, sagte: „Ich brauche Ruhe!" – und schickte dann noch einen Ausdruck hinterher, der keine Bitte war und hier auch nicht wörtlich hingehört. Es war mucksmäuschenstill in der Klasse, nicht wegen des Ausdrucks, sondern deshalb, weil der Schüler sein Bedürfnis nach Ruhe vorher noch nicht geäußert hatte. Innerlich dankbar für die Steilvorlage, ging ich dann noch einmal auf den Unterschied zwischen trennender und verbindender Kommunikation ein.

Wie schaffen Sie in der Klasse die Voraussetzungen dafür, dass Ihre Schüler sich ein wertschätzendes Kommunikationsverhalten aneignen?
Sie sind das Sprachvorbild der Schüler. Veränderung im Kommunikationsverhalten beginnt bestenfalls mit Ihnen selbst. Ob und wie eine Technik und Haltung wie die GfK für Sie funktioniert, finden Sie durch konsequente Vorbereitung, Übung und Wiederholung heraus.

Tipp: In der Streitschlichtung habe ich den Versuch unternommen, die beteiligten Schüler ritualisiert zu fragen: „Was hast du wirklich gehört, gesehen und was hast du gespürt?" (wenn beispielsweise geschubst wurde). So bestehe ich darauf, nicht in Mutmaßungen oder Vorwürfe abzugleiten, sondern bei den tatsächlichen Beobachtungen zu bleiben. Meine Erfahrung ist, dass sowohl bei den jüngeren als auch bei den älteren Schülern so eine gewisse Beruhigung einkehrt. Dieses Element ist frei entlehnt aus einer an die GfK angelehnten Haltung und im Alltag schnell anwendbar.

Warum sollten Sie sich also als Quereinsteiger schon von Anfang an mit Kommunikation auseinandersetzen? Kommunikation soll im Idealfalle verbinden und bestenfalls zu einem Wir, einer Klassengemeinschaft, einer Schulgemeinschaft führen. Langfristig wird Ihr Kommunikationsverhalten ein Teil Ihrer Lehrerpersönlichkeit sein, das Sie auszeichnen kann. Ein Ruf als geschätzter Schlichter und Kommunikator ist definitiv erstrebenswert.

Klarheit über die eigenen Bedürfnisse und die der Anderen führt zu mehr Sicherheit, Selbstsicherheit und Verbundenheit in der Kommunikation mit allen Beteiligten am Arbeitsort Schule. Durch das Einüben von Kommunikationstechniken und das Einnehmen einer wertschätzenden Haltung – siehe das Beispiel GfK – können Sie selbst im oftmals hektischen Alltag Ruhe und eine gewisse professionelle Routine in Ihre Kommunikation bringen. Die Auseinandersetzung mit der Giraffen- und Wolfssprache fördert den Perspektivenwechsel und kann zu einer Verbesserung des Arbeitsklimas führen. Klar geworden ist, dass es nicht darum geht, sich sklavisch an vorgegebene Redemuster oder Satzbausteine zu halten. Auch hier gilt: Übung macht den Meister und eine kritische Anpassung an Ihre Lerngruppe ist Pflicht.

14. Glossar

Berufsbegleitendes Referendariat: Das berufsbegleitende Referendariat wird auch berufsbegleitender Vorbereitungsdienst genannt und schließt mit der Zweiten Staatsprüfung ab.

Berufsbegleitendes Studium: Je nach Bundesland und abhängig davon, welche Fächer ihnen anerkannt werden, studieren Quereinsteiger ein oder zwei Fächer für die jeweilige Schulform nach. Dabei unterrichten sie schon, deshalb sind es berufsbegleitende Studien.

Berufseingangsphase (BEP): Die BEP bezeichnet meistens das erste Jahr nach der Zweiten Staatsprüfung. Schauen Sie genau hin, welche Unterstützungsmöglichkeiten und Vernetzungsmöglichkeiten es in diesen ersten Monaten und Jahren nach Ablegen der Zweiten Staatsprüfung für Sie gibt, das können Seminare oder Vernetzungsveranstaltungen sein.

Elternarbeit: Elternarbeit meint die gesamte Kommunikation mit den Erziehungsberechtigten der Schüler aus Ihren Lerngruppen. Ziel ist im Idealfall eine Sie entlastende Kooperation und ein konstruktives Arbeitsverhältnis.

Erfahrungswissen: Ihr Erfahrungswissen sammeln Sie als Lehrperson über die Jahre. Allerdings ist es genau dieses Erfahrungswissen, was erfahrene Kollegen als Unterstützer so wichtig macht. Als Quereinsteiger bringen Sie auch wertvolle Erfahrungen aus Ihrem vorherigen Beruf mit.

Förderplan: Theoretisch steht jedem Schüler eine individuelle Förderplanung zu. Es gilt, Stärken und Schwächen kennenzulernen. In eine Förderplanung sollten Schüler, Eltern und Kollegen miteinbezogen werden. Wie eine Förderplanung an einer Schule funktioniert, sollten Quereinsteiger möglichst schnell in Erfahrung bringen.

Hausaufgabenheft: Das Hausaufgabenheft dient neben dem Notieren der Hausaufgaben häufig zusätzlich als Kommunikationsmedium zwischen der Lehrkraft, den Schülern, den Erziehungsberechtigten und dem gesamten pädagogischen Personal. Die Nutzung ist oft ritualisiert ein Teil des Unterrichtsalltags.

Hospitation: Unter Hospitation versteht man den Besuch des Unterrichts eines oder mehrerer Kollegen mit deren Einverständnis in einem vorher festgelegten Zeitraum. Die Hospitation dient der Beobachtung von Unterrichtsszenarien. Es wird lediglich notiert, was die beteiligten Personen tatsächlich tun, und nicht interpretiert.

Kooperation: Mit Kooperation ist hier eine professionelle Zusammenarbeit mit allen Personen gemeint, denen Sie im Quereinstieg begegnen. Kooperation entlastet und macht das Arbeiten für Sie effizienter. Sie dient also auch der langfristigen Arbeitszufriedenheit.

Klassenbuch: Das Klassenbuch, ob in Papierform oder digital, ist im Schulalltag ein wesentliches Dokumentations- und Kommunikationsmittel. Gerade für die Kommunikation zwischen Fach- und Klassenlehrern ist es wichtiges Instrument.

Leistungsbewertung: Als Quereinsteiger ist es Ihre Pflicht, sich über die Abläufe und Kriterien der Leistungsbewertung zu informieren. Das regelt das für Sie gültige Schulgesetz.

Präsenztage: Präsenztage sind Arbeitstage an der Schule in den Sommerferien, z. B. für Absprachen, Vorbereitungen oder Weiterbildungen.

Schulbegleiter: Schulbegleiter begleiten Schüler mit einem sonderpädagogischen Förderbedarf, z. B. einer körperlichen Beeinträchtigung, durch den Schulalltag und ermöglichen ihnen so eine Teilhabe am Unterrichtsalltag.

Schulinternes Curriculum (SchiC): eine Auswahl von zu behandelnden Themen entsprechend dem Lehrplan oder Rahmenlehrplan, auf die sich die Lehrer einer Schule für eine(n) Jahrgang / Klasse / Stufe selbst festlegen.

Sonderpädagogischer Förderbedarf: Dieser wird im Idealfall kooperativ von den für einen Schüler zuständigen Lehrern, Schulpsychologen oder Schulsozialarbeitern, Erziehern, Erziehungsberechtigten und dem Schüler selbst ermittelt. Das sonderpädagogische Gutachten wird von einem Förderschullehrer bzw. Sonderpädagogen erstellt.

Sozialform: Unter Sozialform versteht man die Arbeitsform im Unterricht, z. B. Einzel-, Partner- oder Gruppenarbeit.

Team-Teaching: Sie bereiten zusammen mit einem anderen Lehrer Unterricht vor und führen diesen gemeinsam durch. An vielen Standorten ist Team-Teaching auch im berufsbegleitenden Referendariat möglich.

QuerBer-Programm: Begleitprogramm für Quereinsteiger in Berlin.

15. Must-reads – Literaturtipps

1. Enquist, Per Olov. 2013. ***Großvater und die Wölfe.*** Hanser Verlag.
   Großvater und die Wölfe hat zunächst eines: eine spannende, wendungsreiche Story. Die Charaktere laden Mädchen wie Jungen zur Identifikation ein. Ein solches Buch eignet sich hervorragend, um sich in Ihre Rolle als Vorleser „hineinzuüben". Persönlich finde ich: mega witzig, ein *Must-read* auch für Erwachsene.
2. Fried, Jason & David Heinemeier Hansson. 2010. ***Rework.*** Crown Business.
   Food for thought: Sind die Meetings an Ihrer Schule effizient? Ist das schon Perfektionismus oder eine effiziente Unterrichtsvorbereitung? *Rework* empfehle ich allen Lehrpersonen. Die Fragen, die die Autoren stellen, könnten auch Ihre verkrusteten Strukturen aufbrechen. Und ja: Ich bin der Meinung, dass kritisches ‚Manager-Denken' unseren Lehrerzimmern und Schulleiterbüros guttut.
3. Meyer, Hilbert. 2004. ***Was ist guter Unterricht?*** Berlin: Cornelsen.
   Sie sind Anfänger, stellen Sie sich also zuerst selbst die Frage: Ist das guter Unterricht, was ich an meiner Schule sehe? Bewerten Sie kriteriengeleitet und transparent, was Sie in den Klassenzimmern beobachten. Meyers „Zehn Merkmale guten Unterrichts" sind eine klare Orientierung dafür. Schulleitungen und alte Hasen müssen konstruktiv mit der Frage: „Ist das guter Unterricht?" umgehen können, wenn nicht, ist diese Schule nicht die richtige Ausbildungsschule für Sie.
4. Meyer, Hilbert. 2015. ***Unterrichtsentwicklung.*** Berlin: Cornelsen.
   Ich empfehle dieses Buch als eine Einladung an Sie, sich die Rosinen aus den verschiedenen Modellen und Methoden der *Unterrichtsentwicklung* herauszupicken. Erstellen Sie Ihr *best of* Unterricht, stellen Sie früh fest, was für Sie am besten funktioniert.
5. Meyer, Hilbert. 2015. ***Leitfaden Unterrichtsvorbereitung.*** Berlin: Cornelsen.
   Wegen Klarheit und Verständlichkeit in Bezug auf Schlüsselthemen wie Lehrerrolle, die erste Stunde und Auswertung des eigenen Unterrichts ist der *Leitfaden* für Anfänger ein Muss – ein Muss wegen des enormen Gedankenfutters und gleichzeitig der Effizienz der Ratschläge. Wenn Sie alleine konstruktiv mit den Ratschlägen umgehen, könnte Ihre erste Unterrichtsstunde zu einer gelungenen Premiere werden.
6. Rosenberg, Marshall B. 2006. ***Was deine Wut dir sagen will.*** Paderborn: Junfermann.
   Rosenberg bietet an, Auslöser und Ursachen von Wut zu trennen. Das Ergebnis kann sein, andere Menschen nicht mehr zu den Schuldigen für die eigene Wut zu erklären. Dieser Ansatz kann helfen, Schuldzuweisungen, Vorverurteilungen und Bewertungshaltungen zu überdenken. Ein nach Rosenberg gewaltfreier und wertschätzender Umgang in der Schule ist wichtig und nötig, er kann geübt werden. Besonders für alteingesessene Lehrer ist der Imperativ, sich zunächst einmal zurückzunehmen und durch Schweigen für Ruhe und Klarheit zu sorgen, eventuell eine konstruktive Erweiterung des Methodenrepertoires. Das ist der Schlüsselansatz zu den Themen Kommunikation, Beobachtung, Feedback und Kritik.
7. Rosenberg, Marshall B. 2015. ***Nonviolent Communication – A Language of Life.*** Puddle Dancer Press.
   Um die wertschätzende, empathische und gleichzeitig bei sich selbst bleibende Art zu kommunizieren, die Rosenberg in Konflikten selbst entwickelt und erprobt hat, zu beschreiben, hat er das Wort gewaltfrei (*nonviolent*) gewählt. Die Gewaltfreie Kommunikation (GfK) kann praktisch dabei helfen, konkret zu benennen, worum es in Konflikten eigentlich geht. Es bleibt nicht bei einem bloßen: „Du nervst!" Beurteilen Sie selbst, wie dieser Ansatz zu Ihnen passt, üben und verfeinern Sie Techniken, die für Sie funktionieren.
8. Stötzer, Dirk. 2015. ***Superlehrer + Superschule = Supergeil – Der beste Beruf der Welt.*** München: Goldmann.
   Auf seine auf viele Jahrzehnte Erfahrungen beruhende, ganz besondere Art stellt Stötzer fundamentale Fragen, wie: Sind Sie überhaupt für den Lehrerberuf geeignet? Sollte die Antwort Nein sein, ist das nicht brutal, sondern nur ehrlich. Sollte die Antwort Ja sein, herzlich willkommen im „besten Beruf der Welt". Ich

empfehle, dieses Buch nach den Stellen abzuklopfen, wo Sie auf Ihre Gestaltungsspielräume und Handlungsmöglichkeiten hingewiesen werden. Wie für die GfK gilt auch hier: Machen Sie Ihr eigenes Ding daraus.

9. Langner, Andreas et al. 2015. ***Ich übernehme eine 1. Klasse – Praktische Hilfen für einen guten Schulanfang.*** München: Oldenbourg.

Egal, ob Sie eine 1. oder eine 4. Klasse unterrichten, stellen Sie sich die Fragen, die sich eine Lehrperson stellt, die den ersten Schultag eines jungen Menschen plant. Stellen Sie sich gerne auch mal die Frage: Wie hätte mein Klassenzimmer an meinem ersten Schultag aussehen sollen? Wie wäre ich gerne unterrichtet worden?
Und dann los, denn die *Praktischen Hilfen für einen guten Schulanfang* werden es Ihnen leichter machen, den Bauchplatscher ins kalte Wasser zu vermeiden. Stellen Sie sich gerne darauf ein, dass Ihre Schüler Sie dafür feiern werden.

16. Literaturverzeichnis

Altmann, Howard B. 1983. Training foreign language teachers for learner-centered instruction – Deep structures surface structures and transformations. In: James E. Alatis et al. (Hg.): Applied Linguistics and the Preparation of Second Language Teachers – Towards a Rational, GURT '83, Washington, D.C.: Georgetown University Press, 19–26.

Bundeszentrale für gesundheitliche Aufklärung (BzgA) (Hg.). 2018. Achtsamkeit und Anerkennung – Materialien zur Förderung des Sozialverhaltens in der Grundschule. Köln: BzgA.

Dreer, Benjamin. 2018. Praxisleitfaden Lehrerausbildung. Für eine professionelle Begleitung vom Praktikum bis zum Berufseinstieg. Weinheim, Basel: Beltz.

Fried, Jason & David Heinemeier Hansson. 2010. Rework. Crown Business.

Gewerkschaft Erziehung und Wissenschaft, Landesverband Berlin (Hg.). 2016. Schulrecht für das Referendariat. Berlin: GEW Berlin.

Krogerus, Mikael & Roman Tschäppeler. 2012. The Decision Book: Fifty Models for Strategic Thinking. New York, London: Norton.

Meyer, Hilbert. 2017 (= 15. Auflage). Unterrichts-Methoden II – Praxisband. Berlin: Cornelsen.

Meyer, Hilbert. 2013 (= 15. Auflage). Unterrichts-Methoden I – Theorieband. Berlin: Cornelsen.

Meyer, Hilbert. 2004. Was ist guter Unterricht? Berlin: Cornelsen Scriptor.

Rosenberg, Marshall B. 2015. Nonviolent Communication – A Language of Life. Encinitas: Puddle Dancer Press.

Schmoll, Eva. 2018. Persönliche Kommunikation. Berlin

Internetquellen

Deutscher Bildungsserver: www.bildungsserver.de (Stand 06.01.2020)

Medienforum Berlin: https://www.berlin.de/sen/bildung/unterricht/medien/medienforum/artikel.400407.php (Stand 06.01.2020).

Quereinstieg in Berlin – QuerBer: https://bildungsserver.berlin-brandenburg.de/schule/lehrerinnen-und-lehrer/einstieg-ins-lehramt/einstieg-querber/ (Stand 06.01.2020).